Rudolf Presber
Geweihte Stätten
Eine Bilderreise durch Orte deutscher Kunst- und Kulturgeschichte

SEVERUS Verlag

ISBN: 978-3-95801-739-9
Druck: SEVERUS Verlag, 2017
Nachdruck der Originalausgabe von 1914

Der SEVERUS Verlag ist ein Imprint der Diplomica Verlag GmbH.
Bibliografische Information der Deutschen Nationalbibliothek:
Die Deutsche Nationalbibliothek verzeichnet diese Publikation in der Deutschen Nationalbibliografie; detaillierte bibliografische Daten sind im Internet über http://dnb.d-nb.de abrufbar.

© SEVERUS Verlag, 2017
http://www.severus-verlag.de
Printed in Germany
Alle Rechte vorbehalten.
Der SEVERUS Verlag übernimmt keine juristische Verantwortung oder irgendeine Haftung für evtl. fehlerhafte Angaben und deren Folgen.

Rudolf Presber

Geweihte Stätten
Eine Bilderreise durch Orte deutscher Kunst- und Kulturgeschichte

 Kunstblatt zu Presber, Geweihte Stätten Der Schauplatz von Scheffels „Ekkehard" (Der Hohentwiel)

GEWEIHTE STÄTTEN —

Sie sind dem deutschen Volke heilig, die Stätten, an denen die erlesenen Geister gewandelt sind, jene Großen der Literatur, der Wissenschaft, der Kunst, die unser Vaterland mit Stolz zu den Seinen zählt.

Seit es uns, dank den Bestrebungen der Denkmalpflege und des Heimatschutzes, zum Bewußtsein gekommen ist, daß unsere nationalen Heiligtümer nicht nur in prunkvollen Bauten und Denkmälern bestehen, sondern auch in jenen häufig so bescheidenen Stätten, an die sich die Erinnerung an unsere führenden Geister knüpft, wenden wir diesen Zeugen einer ruhmreichen Vergangenheit, diesen Denkmälern einer ehrenvollen Gegenwart unsere liebende Sorgfalt zu und suchen sie vor Zerstörung und Verstümmelung zu schützen. Viel zu viel schon hat menschlicher Unverstand, gewinnsüchtige Spekulation, zertrümmert, manch pietätloser Eingriff in die Volksseele, in das Volksempfinden vernichtete wichtige Nationalheiligtümer und von nur zu zahlreichen geweihten Stätten haben Hacke und Spaten nichts weiter übriggelassen, als eine armselige Gedenktafel an einem nichtssagenden Neubau.

Deshalb erscheint es uns als eine besondere Pflicht, für unser Teil mit dafür zu sorgen, daß die noch erhaltenen Werte und Schätze unserer Heimat auch fernerhin gegen Zerstörung gesichert und für alle Zeiten erhalten bleiben. Wenn es uns gelingen sollte, recht weite Kreise unseres Volkes für dieses Ziel zu begeistern und als Mitkämpfer zu gewinnen, dann hat der vorliegende Band seinen hauptsächlichsten Zweck erreicht.

Aber noch eine andere Aufgabe schwebte mir bei Herausgabe dieses Bandes vor: Heute wo uns Wanderlust und Heimatliebe unser schönes Vaterland von neuem erschlossen, ich möchte sagen, wiedergeschenkt haben, wird dieser Band der „Leuchtenden Stunden" Vielen ein willkommener Führer sein. Rückwärts schauend wird ein Stück deutschen Geisteslebens und deutscher Kulturgeschichte an ihnen vorüberziehen, und auch wer daheim an stillen Abenden bei traulichem Lampenschein in diese Blätter sich vertieft, dem wird ein farbenreiches, lebendiges Bild erstehen von der Bedeutung und dem Wirken unserer Denker, Dichter und Forscher, denen dieser Band der „Leuchtenden Stunden" gewidmet ist, die dem deutschen Volk seine Größe und Geltung unter den Nationen der Erde sicherten.

So mögen sie denn in allen Kreisen, in allen Schichten eine freundliche Aufnahme finden, diese

„Geweihten Stätten".

FRANZ GOERKE.

Herausgeber und Verlag sehen sich auch diesmal wieder veranlaßt, ihren zahlreichen

Mitarbeitern,

die zum Gelingen dieses Bandes so viel beigetragen haben, ihren wärmsten Dank auszusprechen. Die Namen der Mitarbeiter haben wir unter ihren Beiträgen verzeichnet. Aber auch den Vereinen für Denkmalspflege, Heimatschutz, Geschichts- und Altertumswissenschaft in Deutschland gebührt der Ausdruck besonderer Anerkennung für ihre oft mühevollen Feststellungen und ihre weitgehende Unterstützung. War es auch weder möglich noch beabsichtigt, in diesem Bande alle Gedenkstätten an alle bedeutenden und hervorragenden Persönlichkeiten zu vereinigen, da sonst der Umfang beträchtlich überschritten worden wäre, so ist doch zweifelsohne nur der Mitarbeit so zahlreicher Kreise das Zusammenfließen des Stoffes aus allen Teilen Deutschlands zu danken. Daneben stellten uns die nachstehend genannten Verlagsanstalten schätzbares Material zur Verfügung: Verlag des Universum, Philipp Reclam jr., Leipzig (das farbige Bild vorn); Schuster & Löffler, Berlin; Velhagen & Klasing, Bielefeld und Leipzig; R. Voigtländer, Leipzig; George Westermann, Braunschweig; Dieterich'sche Verlagsbuchhandlung, Wilh. Weicher, Leipzig. — Wertvolle Anregungen verdanken wir Herrn Max Jungnickel, Berlin. — Die Ausstattung des Bandes besorgte Maler Julius Klinger, Umschlag und Titel zeichnete Carl Vogel, die Initialen im Text Hermann Rosenberg, sämtlich in Berlin.

Ein treu Gedenken, lieb Erinnern,
das ist die herrlichste der Gaben,
die wir von Gott empfangen haben —
(Friedrich Bodenstedt)

I

Aus der
Heroen-
zeit

Schillers Geburtshaus in Marbach am Neckar   Ludwig Schaller, Stuttgart

Das Goethehaus in Weimar E. Schulte, Weimar

Schloß Tiefurt, Lieblingsaufenthalt der Prinzessin Anna Amalia, die hier den Weimarer Dichterkreis um sich versammelte E. Schulte, Weimar

Goethes Gartenhaus in Weimar
„Übermütig sieht's nicht aus, — Hohes Dach und niedres Haus .. (Goethe)

Im Park von Weimar

Bilder von E. Schulte, Weimar

Goethes Ruhesitz mit Widmung an Frau von Stein
Die Widmung beginnt:
„Hier gedachte still ein Liebender seiner Geliebten.
Heiter sprach er zu mir: Werde Zeuge, Du Stein!"

Treppe mit einer Tafel, die einen Goetheschen Vers trägt. — Die Anfangszeilen lauten:
„Die ihr Felsen und Bäume bewohnet, o heilsame Nymphen,
Gebet jeglichem gern, was er im stillen begehrt."

Das Schillerhaus in Weimar. An der Giebelseite befindet sich das Fenster des Sterbezimmers

Schillers Wohnzimmer, Weimar   Neue Photographische Gesellschaft, Berlin

Photogr. Louis Held, Weimar (Aus dem Goethe-Nationalmuseum, Weimar)
Goethes Arbeitszimmer in Weimar

Goethes Wohnung im Botanischen Garten in Jena Alfr. Bischoff, Jena

Schillers Gartenhaus in Jena
Hier arbeitete er an dem „Don Carlos"

Alfr. Bischoff, Jena

Der Schillerstein im Schillergarten zu Jena
„An diesem Steintisch haben wir oft gesessen und manches gute und große
Wort mit einander gewechselt".   (Goethe zu Eckermann 1827)

Alfr. Bischoff, Jena

Der alte Kollegienhof in Jena, zu Schillers Zeiten die Universität   Alfr. Bischoff, Jena

Die Fürstengruft in Weimar, in der Schillers und Goethes sterbliche Reste ruhen

A. Heinicke, Freiberg

„Schillers erste Begräbnisstätte" auf dem Weimarer Friedhof

A. Heinicke, Freiberg

Schillers Sterbezimmer in Weimar   Louis Held, Weimar

Photogr. Louis Held, Weimar   (Aus dem Goethe-Nationalmuseum, Weimar)
Goethes Sterbezimmer in Weimar

Der Wiedererwecker
der
deutschen Dichtung

Lessings Amtswohnung in Wolfenbüttel, in der „Nathan der Weise" entstand.
Dahinter die jetzt umgebaute Bibliothek, wo vorher u. a. Leibniz tätig war.

H. Mues, Berlin

Aus dem Lessing-Museum, Berlin
Lessings Geburtshaus in Kamenz (Oberlaus.)

Das Haus in Braunschweig, in dem Lessing starb
(Rechts die neugepflanzte „Schiller-Eiche")

Georg Meyer, Braunschweig

In dem anmutigen Gespräch der beiden Leonoren, das Goethes „Tasso" eröffnet, spricht die Gräfin Sanvitale das schöne Wort:

Die Stätte, die ein guter Mensch betrat,
Ist eingeweiht; nach hundert Jahren klingt
Sein Wort und seine Tat dem Enkel wieder.

Im guten Menschen hat Leonore hier den großen Menschen gesucht; denn sie rühmt vorher den Genius, den zu bewirten ihr so vorteilhaft für den reich beschenkten Wirt erscheint. Und sie hat recht; die guten Menschen, die ihre große Familie: ihr Volk, ja die Menschheit aus ihrem Überfluß beschenkenden, sind die großen Menschen. Sind die Genies, die Überragenden, die ihrer Nation als Dank für die kurze, oft karge Bewirtung eines Lebens ein schöneres Gastgeschenk für die Jahrhunderte zurücklassen.

Aber es will erkannt sein und gehütet, das Geschenk! Das Werk und die Erinnerung an den Schöpfer und Vollender. Respekt und seine Dauer: die Pietät, müssen uns helfen, das Bild der Großen festzuhalten, in denen sich Wandel und Werk, Kraft und Können, Sehnen und Träumen unseres Volkes reiner und stärker gespiegelt als in den Tausenden, die ihre Zeitgenossen, ihr Publikum, ihre Bewunderer, ihre Gefolgschaft gebildet haben. Eine große Persönlichkeit — Leopold von Ranke hat es notiert — bemerkt man nicht allein, wenn sie gegenwärtig ist; man wird ihren Wert oft dann noch mehr inne, wenn die Stelle leer ist, die sie einnahm ... Auf die leeren Stellen hinzuweisen aber, die kleinen frohen und wehmütigen Zeichen zu deuten, die auf der Großen irdische Spuren hinweisen, und dadurch ihr unverlierbares Werk noch teurer zu besitzen, das ist die schöne Aufgabe der Pietät, die wiederum als treuer Maßstab der Kultur gelten kann.

Ist es nicht eine schöne Besonderheit, die uns Menschen allein von allem, was lebt und sich des Lichtes freut, verliehen ist; daß unsere Phantasie nur geringen gegenständlichen Anlasses bedarf, um Liebes, Geistiges, Vergangenes wieder aufzubauen?

Könnt ihr die Tasse eurer Mutter betrachten, ohne die gütige alte Frau mit dem glattgescheitelten Haar wieder vor euch zu sehen, wie sie über den Rand dieser Tasse hinweg Freundliches zu euch sprach, euch den Morgen segnete, den Tag zur Arbeit empfahl? Als mir der an sich wertlose Spazierstock meines Vaters zerbrach, war ich tagelang betrübt; denn an diesem Stock hatte ich mir oft die hohe Gestalt des Mannes wieder aufgerichtet, dessen schöne dunkle Stimme zu früh für meine Jugend verstummte. Und sind nicht die, so wir in ihren Werken und Taten verehren, alle ein bißchen vom Blut unserer Mütter, unserer Väter? Hängt nicht an den Gegenständen ihres täglichen Gebrauchs für unseren menschlichen Intellekt, unsere Phantasie aufbewahrt, ein Stückchen ihrer Persönlichkeit, ein Restchen ihres bewunderten Erdenwandels?

Gewiß, das allzu Körperliche ist immer für die geistige Verehrung gefährlich, weil die Lächerlichkeit nahe liegt. Wenn fern im Osten Millionen dunkelhäutiger Gläubiger heute noch vor dem Baume knien, den angeblich Buddha gepflanzt hat; ja, selbst wenn sie die heilige Patra — seinen schlichten Eßnapf, Symbol seiner erhabenen Bedürfnislosigkeit — verehren, so geht unser Herz und Verständnis noch mit dem Reliquienkult der Andersgläubigen. Wenn sie aber vor dem Dalada, dem heiligen Zahn des Buddha, das Knie beugen, so sind wir schon wieder bei dem rein Körperlichen; die feine Gedankenbrücke vom Symbol zum Lebenswerk — wie beim Anschauen des heiligen Baumes, des Schreibstifts, ja des schlichten Eßnapfes — stürzt ein, und es bleibt dem Erinnernden keine edle Phantasiearbeit mehr zu tun. Der Dümmste, Stumpfeste begreift, was ein Zahn ist und bedeutet.

Es ist klar, daß zur Schätzung alles dessen, was Reliquie heißt, auch ein Glaube an die nicht immer sichere Ueberlieferung, die Legende notwendig ist. Autographen kann man durch feine und subtile Methoden auf ihre Echtheit — will sagen auf das Alter von Papier und Tinte und die Eigentümlichkeiten der Schrift — untersuchen. Bei der Feder Goethes, der Locke Schillers müssen wir schon dem beigegebenen Zertifikat der Verwandten oder Sekretäre glauben; ohne uns zu verhehlen, daß solches Schriftstück echt bestehen, die dazu gehörige Feder oder Locke aber längst verloren gegangen oder durch Unechtes ersetzt worden sein kann. Nicht anders, wie der Zahn oder der Eßnapf des Buddha, vor dem Millionen dunkelhäutiger Brüder fromm das Knie beugen.

Zu jedem Kult des Bedeutenden gehört die Legende. Die Freude an Legenden aber hat der feinste Kopf mit dem verworrensten gemein, teilt der Poet mit dem Don Quixote. Auch von dem köstlichsten aller Narren, den der unsterbliche Miguel de Cervantes in einem Dorfe der Mancha aufstöberte, erzählt der Herold seiner Abenteuer: „Er verstrickte sich in seinem Lesen so, daß er die Nächte damit zubrachte, weiter und weiter und die Tage sich tiefer und tiefer hineinzulesen; und so kam es vom wenigen Schlafen und vielen Lesen, daß sein Gehirn ausgetrocknet wurde, wodurch er den Verstand verlor. Er erfüllte nun seine Phantasie mit solchen Dingen, wie er sie in seinen Büchern fand, als Bezauberungen und Wortwechsel, Schlachten, Ausforderungen, Wunden, Artigkeiten, Liebe, Qualen und unmögliche Tollheiten. Er bildete sich dabei fest ein, daß alle diese erträumten Hirngespinste, die er las, wahr wären; so daß es für ihn auf der Welt keine zuverlässigere Geschichte gab ..." Auch das ist Vorbedingung zur blinden Reliquienverehrung; und die Eroberung des Mambrinshelmes durch den sinnreichen Ritter aus der Mancha, dieser merkwürdigen Kopfbedeckung, die in Wahrheit nichts anderes als ein altes Barbierbecken war, ist die ganz logische Konsequenz dieser Geistesverfassung.

Einer der weisesten Religionsstifter, Confutse, hat bekanntlich in der Pietät aller Tugend starke Wurzel gesehen und den edlen Stamm, aus dem alle moralischen Blüten sprossen. In erster Linie die Pietät des Kindes gegen die Eltern. Daß solcher Pietät auch gewisse Lieblingsgegenstände des täglichen Gebrauches: eine Dose, ein Becher, eine Brieftasche, als wertvoll gelten, darin kann nichts Ungesundes liegen. Daß die von Pfiffikussen meist nicht im Dienste der Schönheit oder der Nützlichkeit, sondern für ihren Beutel erfundenen Moden dann rasch gewisse ererbte Stücke außer Gebrauch setzen und in Schränke und Vitrinen als eine Art Familienmuseumsstücke verweisen, das hat mit Wert oder Unwert pietätvoller Gefühle nichts zu tun. Aber wie die Zeit die alten Farben der Atlasstickerei blaßt, die schönen Perlenhandarbeiten unserer fleißigen Großmütter zerstört, die Blätter, auf denen geliebte Hände ihr Innerstes enthüllten, vergilben läßt, so geht es mit dem Ruhme derer selbst, an deren Nachlaß eine herzliche Verehrung noch pietätvolle Illusionen knüpfen konnte. Neue Götter kommen, neue Zeiten — es lebt ein anders denkendes Geschlecht. Und die Unrast des modernen Lebens, der Automobile, Flugschiffe, Schnelligkeitsrekorde hat nicht mehr Muße und Laune, sich liebevoll zu vertiefen in die stilleren Tage und die geräuschlosere Arbeit von einst.

Sind wir gerecht — gerecht gegen uns und die anderen? Ist es nur unsere vielgescholtene Zeit, der die Ruhe und Gelassenheit fehlt?
Unter den Papyrussen der Königlichen Museen in Berlin befindet sich einer, der der mittleren Zeit des alten Reiches der Ägypter angehört und in seiner runden, abkürzenden hieratischen Schrift, die damals die Umständlichkeit der Hieroglyphen zu ersetzen strebte, von dem Gespräch eines Lebensmüden mit seiner Seele erzählt. Als ein Gebildeter seiner Epoche, schon losgetrennt von der Religion seines Volkes, ihrem Widersinn, Formelkram und Totenkult, gibt er seiner Lebenssattheit und seinem Pessimismus, der den Sanften und Guten zugrunde gehen, den Frechen und Vordringlichen siegen sieht, beredten Ausdruck. Und etwa 2500 Jahre v. Chr. — vor vier und einem halben Jahrtausend — malt er, den Tod schon spürend wie den Geruch von Myrthen und Lotosblumen, das bittere Wort mit seinem Schreibrohr:

„Zu wem spreche ich heute?
Es gibt hier keinen Zufriedenen:
Gehe mit ihm, so ist er nicht da."

Wo ist die Zufriedenheit gewesen, wie hat sie sich versteckt in all den fünfundvierzig Jahrhunderten, die zwischen uns liegen und dem Schreiber am Nil; in all den hundertfünfunddreißig Generationen, die jenen Pessimisten des alten Reiches von unseren Cook-Karawanen trennen, die im Fluge durch Ägypten rasen von der Nadel der

Kleopatra zum zweiten Katarakt, von der gefallenen Rhamses-Statue draußen unter den Palmen von Sakkara zum glühenden wimmelnden Markt von Assuan? Wenn der Lebensmüde noch einmal mit seiner Seele reden könnte (er hat's wohl gehofft, denn in seiner Dichtung erbarmt sich die Seele schließlich seiner und will bei ihm bleiben), er müßte seufzen: Nicht besser und ruhiger ist die Welt geworden seit jenen Tagen, da er sich sehnte, mit Oel gesalbt zu werden zur letzten Fahrt nach der Pyramide auf Kalkstein und ruhig inmitten der Königskinder zu liegen im goldenen Kasten und mit Binden verschnürt von der Hand der Göttin Tait....

Wer sich heute umsieht, fühlt es und weiß es: mehr als je ist alles in der Welt, alles in Menschengedanken gestellt auf Hast und Schnelligkeit. Heruntergewürgt wird ein ungeheures Wissen (man lache nicht, man sehe sich doch den wachsenden Lehrstoff an!) von unseren Kleinsten; eine Fülle kompliziertester Erfindungen, an die unsere Väter nie gedacht, umgibt ihre Lehrjahre, will als Selbstverständliches begriffen und genützt sein. Prüfungen jagen sich; das Wort „Vorwärtskommen" taucht auf und das schreckliche Wort „Karriere", das schon der üble Geruch von Neid, Rücksichtslosigkeit und Kriecherei peinlich umwittert. Und im zarten Spiegel des malträtierten jungen Gehirns hetzen sich die Vorstellungen. Das Nervensystem zuckt unter immer neuen Reizen, deren williger, nie ermüdender Mittler es sein soll. Der Bildungstrieb wird gepeitscht bis zu seinen letzten Energien und die Lebenskraft wird gefoltert von dem Schrecknis: andere überholen dich!

Der Sport unserer Zeit ist ganz erfüllt vom Schnelligkeitswahnsinn. Als die Reitkunst in höchster Blüte stand, galt es als herrlichste Aufgabe, ein wildes Roß zu bändigen, ein edles Blut durch Zügel und Schenkeldruck zur hohen Schule zu gewöhnen. Heute füllen die Rennberichte, oft aus lächerlichen Bierdörfern, die keinen besseren Ehrgeiz kennen und mit dem Unglück des Totalisators die Fremden locken wollen, Spalten und Seiten lang die Blätter. Dahinter die Radrennen, Rekorde der Flieger, die Konkurrenzen der Automobile... Schnelligkeit, Schnelligkeit von Tieren und Maschinen, das Wirbeln, Jagen, Fauchen, Ueberholen — und natürlich die Sensation des Verunglückens, Entgleisens, Zerschellens, Zerbrochenwerdens: — das ist's, was die Nerven rüttelt, was die zum ruhigen Genuß Abgestumpften unterhält; was die unsinnige Leidenschaft, zu wetten und ohne Arbeitsleistung zu Geld und Wohlleben zu gelangen, ekelvoll aufpeitscht.

eilung, Hilfe bringt die Pietät, die ruhiges Rückwärtsblicken, erinnerndes Verweilen, Sichsammeln im dankbaren Gedenken verlangt. Die in den Erinnerungsstätten mitten in den Landen der Unrast freundliche Oasen der Ruhe schafft, wo der lebendige Geist, unbekümmert um die Ziele der Zukunft und alle Rivalitäten vergessend, die Vergangenheit grüßt und die großen Vorangegangenen.

Seltsam, das Kind, vor dem noch das ganze Leben als Neuland liegt, ist all solchem Erinnern geneigter. Denn all das Lauschen auf Märchen und Legenden ist nichts anderes als ein Untertauchen in ferne Zeiten, die vor ihm waren oder gewesen sein sollen; in Gleichnisse und Beispiele, die weit, weit zurückliegen. „Es war einmal" fangen alle Geschichten an, die das Kind am liebsten hört; das Kind, in dem alles noch Wachstum und Hoffnung ist und nur zu versprechen scheint: Es wird einmal... Unsere Jugend ist voll von Träumen und Märchen. Das ist ihr Glück und ihr Unglück. Das ist ihr Gewinn und ihr Verlust. Sobald das Gehirnchen reif und reich genug ist, muß es lernen. Das Menschlein muß auf der Erde stehen und seine Phantasie zurückpfeifen, daß sie kusche und ducke.

Lernen heißt Macht gewinnen für den Lebenskampf; aber lernen heißt auch: Traumland verlieren. Die Erde hört auf ein Garten zu sein; und das Schöpfungswunder der sechs Tage zerschmilzt im Anblick der grandiosen und doch so nüchternen Funde aus der Tertiärzeit, aus der Eiszeit und den Tagen, da die Erde voll gräulicher Ungetüme und noch ohne Herrn war. Der fleißige Osterhase legt keine Biskuiteier mehr. Die lieben Sterne hören auf Gucklöcher zu sein, durch die der Englein freundliches Auge auf den Nachtfrieden der braven Menschheit schaut; sie tanzen als ausgebrannte Welten in sauber berechneten Bahnen durch den Äther, und der Lichtgruß des nächsten unter ihnen allen, des „Nachbars" unseres Planetchens, braucht vier volle Jahre bis in unser sonnenhaftes Auge und fährt doch mit einer Geschwindigkeit von vierzigtausend Meilen in der Sekunde daher.

Und der Traum unseres Hochmuts, den fromme alte Legenden genährt haben, da die Menschheit selbst noch ein Kind war, wird geknickt. Wir sind kein Zentrum eines Weltraums mehr, wir wohnen, Stäubchen auf einem Staubkorn, das unter Millionen Geschwistern im Raume wirbelt; das ohne unser Geschlecht gewesen ist in einer fernen Vergangenheit und ohne unser Geschlecht sein wird in einer fernen Zukunft; und das sich nach urewigen Gesetzen dreht, unbekümmert um unsere Geburten und Todesqualen, um unser Kommen und Gehen, um unsere Führer und Propheten, um unsere ärmliche Intelligenz, die sich vergebens bohrt in die grauenvollen Rätsel der letzten Fragen: Woher? — wohin? — wozu?

Und wenn wir die Märchen des Kosmos umgelernt haben, die hübschen Märchen, die den blauen Himmel so glockenstill gewölbt über der stolzen Erde und ihrer an Weisheit schweren, zur Gnade berufenen Schöpfungskrone, dann behalten andere Märchen noch ihre Kraft. Trostreiche Märchen, die ihren herzerwärmenden Stoff nehmen aus unserem kleinen Kreise. Und wir hören erzählen von Helden, die immer heldisch waren, die kein Zittern erlebt, kein Zagen und kein Grauen. Hören erzählen von Gütigen, Frommen, Heiligen, die nur edle Regungen gekannt, allen Feinden vergeben, alle Schwachen stützten, allen Armen schenkten und nichts für sich selber wollten. Hören erzählen von den immer Heiteren, die, ein Lächeln um den treuen Mund, als Sonntagskinder durch die Welt gehen, sich an edlem Wein und hübscher Mädchen Zärtlichkeit erfreuen und immer den Kranz von Rosen in den ungebleichten Locken tragen...

Aber dann kommt die Zeit, da verlieren auch diese Märchen ihre Zauberkraft; wir sehen die Helden in Augenblicken der Menschlichkeit, sehen ihre Siegerstärke gefährdet von Kleinmut und banger Ahnung, gebrochen von Weiberlaunen und den Tücken des Alters. Und die Frommen sehen wir an Wegstellen, da kein helles Licht vor ihre Füße fällt, straucheln, wie wir alle gestrauchelt sind; sehen sie zweifeln und hadern. Und wir erkennen, daß nur die großen Momente, die hohen Augenblicke ihrer Bahn Helden und Heilige emporhoben in die goldenen Nischen der Verehrung; daß die Summe solch hoher Augenblicke sie hinwegtrug über die Masse; daß sie aber in den Tälern ihres Weges klein sein konnten, hilfsbedürftig, schwach und menschlich, wie wir. Und wir betrachten das Antlitz der Bekränzten, der Immer-Frohen, der Ewig-Lächelnden genau; und das stutzende Auge erspäht hinter dem Lächeln die tiefe Leidensfurche in ihren Zügen und die zitternden Fältchen heimlichen Grams. Und wieder ein Märchen stirbt. Diese Günstlinge des Glücks, diese jubelnden Jünger des Dionys haben nur Stunden bacchischer Lust gekostet; und nur aus den einzelnen Tagen ihres Lebens loderte die Fröhlichkeit. Im Festkleid sind sie vor der Menge erschienen; und unbekränzt trugen sie ihre Sorgen durch die Einsamkeit. Und wenn sie sich nicht beachtet glaubten und von keinem gesehen, dann wurde ihr Gang müde und der Glanz festlicher Fröhlichkeit wich aus ihren Augen; und auch sie brüteten still vor sich hin: Woher? – wohin? – wozu?

Das aber bringt sie unseren Herzen näher: daß sie gelitten haben wie wir; daß sie an unseren Schmerzen, Sorgen, Enttäuschungen getragen haben; nur im Kostüm ihrer Zeit, gehemmt und gehoben durch Sitte und Mode ihrer Epochen. In den verehrten Lehrern und Brüdern, deren Ruhm steinerne Mäler künden, schauen wir plötzlich die Brüder, die Kinder desselben Stammes, derselben Art; und ohne daß es der Bewunderung vor dem Werk ihrer hohen und reinen Stunden Abbruch tut, lernen wir ihre Menschlichkeiten lieben und verstehen, interessieren wir uns für das Charakteristische, für das Individuelle ihres Erdenganges.

Und ganz von selbst führen uns unsere Gedanken da zunächst zu der Stadt, die sie geboren hat, die ihren schauenden, staunenden Augen die ersten Eindrücke übermittelte, die ihm die ersten Menschen zeigte, den ersten Begriff von Häusern, Straßen, Plätzen, von landschaftlicher und architektonischer Schönheit gab und die für lange, vielleicht für immer der Maßstab blieb, an dem sie Ordnung, Verkehr, Heimat und Fremde gemessen. Wenn schon die Stätte, die ein guter, ein großer Mann betrat, eingeweiht ist, wie viel mehr die Stadt, in der er zuerst das Licht, die Welt, die Menschheit sah; die ihn bildete, erzog und ihm Gesetze, Normen und — Vorurteile für das Leben, das uns teuer wurde, mitgab.

Eine Stadt ist kein Komplex von Häusern und Maschinen für den Nachdenklichen, kein Netz von Straßenbahnlinien und Verkehrsmöglichkeiten. Eine Stadt ist dem Werte nach gleich der Summe der in ihr schaffenden Intelligenzen. Und ist sie's nicht, so bleibt sie ein Objekt für ein Studium der Vergangenheit, ein Grabdenkmal des eigenen Ruhms, eine historische Merkwürdigkeit, die vielleicht im Bädecker einen Stern hat wegen ihrer alten Tore, Brunnen, Kathedralen, der aber eine weitere Bedeutung für Menschenwohl und Fortschritt nicht zuzuerkennen ist. Wer auf den Turm am bescheidenen Hügel des Kreuzbergs klettert und über die Hermen der Freiheitssänger weg seinen Blick schweifen läßt über die Kuppeln und Dächer, Alleen und Denkmäler, der sieht Berlin; wer aber all die Menschen, die in diesem Häusergewirr die Treibenden, Bewegenden, Mächtigen sind, die Herren der Gegenwart und die Gestalter der Zukunft, auf ein Häuflein zusammentreiben könnte, der begriffe Berlin.

So werden gewiß Städte für den, der das geistige Leben seines Volkes mit- und nachlebt, immer ihren besonderen Klang und Glanz erhalten durch die Erinnerung an bedeutende Menschen, die sie dem Vaterlande geliefert, und an stolze Söhne, die meist in der Dankbarkeit für ihre Jugend und deren Freunde und Lehrer diese Stätte verherrlicht haben.

Es ist unmöglich, an Frankfurt am Main zu denken, ohne sich zu erinnern, daß in der alten Krönungsstadt am 28. August 1749 mittags mit dem Glockenschlag Zwölf dem Kaiserlichen Rat Goethe ein Sohn geboren wurde, der in der Taufe nach seiner Mutter Vater, dem Schultheißen der Stadt, die Vornamen Johann Wolfgang erhielt. „Nichts architektonisch Erhebendes war damals in Frankfurt zu sehen: alles deutete auf eine längst vergangene, für Stadt und Gegend sehr unruhige Zeit. Pforten und Türme, welche die Grenze der alten Stadt bezeichneten, dann weiterhin abermals Pforten, Türme, Mauern, Brücken, Wälle, Gräben, womit die neue Stadt umschlossen war, alles sprach noch zu deutlich aus, daß die Notwendigkeit, in unruhigen Zeiten dem Gemeinwesen Sicherheit zu verschaffen, diese Anstalten hervorgebracht, daß die Plätze, die Straßen, selbst die neuen, breiter und schöner angelegten, alle nur dem Zufall und der Willkür und keinem regelnden Geiste ihren Ursprung zu danken hatten. Eine gewisse Neigung zum Altertümlichen setzte sich bei dem Knaben fest, welche besonders durch alte Chroniken, Holzschnitte, wie zum Beispiel den Grave'schen von der Belagerung von Frankfurt, genährt und begünstigt wurde." Da haben wir — aus „Wahrheit und Dichtung" — die Schilderung der typischen Einwirkung der Vaterstadt auf die Kindheit des Genies. Und den Blick aus dem Gartenzimmer im zweiten Stock des weltberühmt gewordenen Hauses am Hirschgraben schildert der alternde Dichter aus der Erinnerung: „Ueber jene Gärten hinaus, über Stadtmauern und Wälle sah man in eine schöne fruchtbare Ebene; es ist die, welche sich nach Höchst hinzieht. Dort lernte ich Sommerszeit gewöhnlich meine Lektionen, wartete die Gewitter ab und konnte mich an der untergehenden Sonne, gegen welche die Fenster gerade gerichtet waren, nicht satt genug sehen. Da ich aber zu gleicher Zeit die Nachbarn in ihren Gärten wandeln und ihre Blumen besorgen, die Kinder spielen, die Gesellschaften sich ergötzen sah, die Kegelkugeln rollen und die Kegeln fallen hörte, so erregte dies frühzeitig in mir ein Gefühl der Einsamkeit und einer daraus entspringenden Sehnsucht, das, dem von der Natur in mich gelegten Ernsten und Ahnungsvollen entsprechend, seinen Einfluß gar bald und in der Folge noch deutlicher zeigte...." Bewußt führt der sein Leben überschauende Dichter den tiefsten Zug seines Wesens auf das Haus zurück, das ihn als Knaben lernen und spielen sah, das den ersten Blick in die Weite verstattete, die ersten Untergänge des Tagesgestirns, die ersten Gewitter über der fruchtbaren Ebene dem jungen Grübler gezeigt hat....

Und der sechsundzwanzigjährige Heinrich Heine, der manchmal über seine Vaterstadt ein bißchen geulkt und sie doch immer geliebt hat, schreibt: „Die Stadt Düsseldorf ist sehr schön, und wenn man in der Ferne an sie denkt und zufällig dort geboren ist, wird einem wunderlich zumute. Ich bin dort geboren, und es ist mir, als müßte ich gleich nach Hause gehen, so meine ich die Bolkerstraße und das Haus, worin ich geboren bin..." Und mit der Ironie, die seines anderen Gesichtes liebste Miene war, und doch wieder mit scheu sich hinter dem Lächeln verbergenden zuversichtlichen Stolz fügt er hinzu: „Dieses Haus wird einst sehr merkwürdig sein, und der alten Frau, die es besitzt, habe ich sagen lassen, daß sie beileibe das Haus nicht verkaufen solle. Für das ganze Haus bekäme sie jetzt doch kaum so viel, wie schon allein das Trinkgeld betragen wird, das einst die grünverschleierten vornehmen Engländerinnen dem Dienstmädchen geben, wenn es ihnen die Stube zeigt, worin ich das Licht der Welt erblickt, und den Hühnerwinkel, worin mich der Vater gewöhnlich einsperrte, wenn ich Trauben genascht, und auch die braune Tür, worauf Mutter mich die Buchstaben mit Kreide schreiben lehrte..."

Er hat sich — wenigstens für eine gute Weile — geirrt. Als im Morgengrauen des 17. Februar 1856 der Dichter der schönsten deutschen Liebeslieder von seinen Leiden erlöst war und sein Sterbliches, wie er's selbst gewünscht, auf dem Friedhof Montmartre „aussi modeste que possible" der Erde übergeben war, da hat sich in Deutschland, das ihn seit Jahren an Paris und an die furchtbare Krankheit verloren hatte, nicht viel gezeigt von der Verehrung, die eine Geburtsstätte schmückt, von der Pietät, die schließlich — wenn sie grünverschleierte, vornehme Engländerinnen führt — auch zum Geschäft werden kann. Kaum ein paar Zeitungen brachten Ausführungen über den endlich der Matratzengruft Entflohenen. Heute hat das Haus in der Bolkerstraße seine Marmortafel. Aber es ist Heine's Geburtshaus gar nicht mehr, ist völlig umgebaut und bezeichnet — typisch für die Undankbarkeit einer nun auch schon erledigten Generation — nur noch den Platz, an dem Samson Heine sein Manufakturwarengeschäft betrieb. Ein paar Steine hinten im Hof wüßten vielleicht noch von springenden Kinderfüßen zu erzählen, die dem Knaben Henry und seinem um zehn Jahre jüngeren Schwesterchen Lottchen gehörten. Die Steine habens vielleicht noch erlebt, was Heine viel später errinnernd gesungen hat:

    Mein Kind, wir waren Kinder,
    Zwei Kinder, klein und froh;
    Wir krochen ins Hühnerhäuschen,
    Versteckten uns unter das Stroh...

II
Vom Leben und Sterben unserer Großen

Der „erste Denker seines Staates". (Aus „Willy Norbert, Friedrich des Großen Rheinsberger Jahre")
Die kronprinzliche Residenz Friedrichs des Großen, das Schloß in Rheinsberg

Das Arbeitszimmer Friedrichs des Großen in Rheinsberg. Hier wurde der entscheidende Entschluß zu Schlesiens Besitznahme gefaßt

Friedrichs des Großen Sarkophag in der Garnisonkirche zu Potsdam

Techno-photographisches Archiv, Berlin

Die beiden Humboldt

Oben: Schloß Tegel, das elterliche Besitztum
In der Mitte: Das Grabdenkmal der Familie Humboldt
Unten: Die Gräber der Familie Humboldt

 Auf dem Sockel und den Stufen der Säule stehen die Namen: Caroline Friederike von Humboldt, geb. von Dacheroeden; Heinrich von Bülow; Wilh. Bernh. Aug. Alexander von Bülow. — Das Grab Alexanders von Humboldt befindet sich in der letzten Reihe, vor der Säule, rechts

Techno-photograph. Archiv, Berlin

Bismarcks Geburtshaus in Schönhausen — S. Liebreich, Hamburg

Bismarcks Wohnung in Göttingen — Neue Photographische Gesellschaft, Berlin

Das Mausoleum in Friedrichsruh — Atelier Schaul, Hamburg

Fritz Reuters Villa, jetzt Reutermuseum in Eisenach

Neue Photographische Gesellschaft, Berlin

Reuters Grab in Eisenach

G. Heinemann, Eisenach
(Mit Erlaubnis des Reutermuseums)

Das Eichendorff-Haus in Neiße

Eichendorffs Grab in Neiße

Photographien von Conrad Hübel, Neiße

Blick von Uhlands Gartenhaus (rechts) auf Tübingen   P. Sinner, Tübingen

Uhlands Geburtshaus in Tübingen   P. Sinner, Tübingen

Uhlands Grab neben dem seiner Gattin in Tübingen   Fritz Mielert, Dortmund

Das Stammschloß der Droste-Hülshoff: Gut Hülshoff bei Münster
Cramers Kunstanstalt, Dortmund

Fritz Mielert, Dortmund
Die letzte Leidensstation der kranken Dichterin,
Schloß Meersburg am Bodensee

Fritz Mielert, Dortmund
Das Grab in Schloß Meersburg
(Die Inschrift lautet: Anna Elisabeth von Droste-Hülshoff, geb. 10. Jan. 1797, gest 24. Mai 1848. Ehre dem Herrn)

Detlev von Liliencrons Sterbezimmer in Alt-Rahlstedt   Bilder von S. Liebreich, Hamburg

Liliencrons Grab in Alt-Rahlstedt

Arthur Schopenhauers Wohn- und Sterbehaus am Mainkai in Frankfurt a. M. (Links das Wohnhaus, in der Mitte das Sterbehaus)

Techno-photograph. Archiv, Berlin

Die mächtige Marmorplatte auf Schopenhauers Grab, die nur den Namen des Philosophen trägt (Frankfurt a. M.)

Techno-photograph. Archiv, Berlin

icht alle bedeutenden Männer, deren Geburtshäusern wir mit Recht unter den geweihten Stätten erste Plätze einräumen dürfen, haben Memoiren hinterlassen, in denen sie selbst zu ihren Lesern sprechen, ihre Entwicklung, ihr Werk kommentierend. Das ist gewiß zu bedauern.

Der Wert guter Memoiren steht hoch, sehr hoch. So kühn, so grausam logisch und wieder so lächerlich unlogisch, so überwältigend lustig und so tief tragisch, wie das Leben selbst, vermag kein Dichter zu fabulieren. Auch der größte und reichste nicht. Das ist keine neue Erkenntnis; diese Einsicht hat die Memoirenschreiber von Rang stolz und bescheiden gemacht. Als Benvenuto Cellini, die Zierde der Florentiner Schule, aus reichem nicht immer reinem Leben das Starke und Wesentliche zu erzählen sich anschickte (das später kein Geringerer als Goethe unserer Sprache vermittelte), begann er mit dem Bekenntnis: „Alle Menschen, von welchem Stande sie auch seien, die etwas Tugendsames oder Tugendähnliches vollbracht haben, sollten, wenn sie sich wahrhaft und guter Absichten bewußt sind, eigenhändig ihr Leben aufsetzen, jedoch nicht eher zu einer so schönen Unternehmung schreiten, als bis sie das Alter von vierzig Jahren erreicht haben. Dieser Gedanke beschäftigt mich gegenwärtig, da ich im achtundfünfzigsten stehe, und mich hier in Florenz mancher Widerwärtigkeiten wohl erinnern mag, da mich nicht, wie sonst, böse Schicksale verfolgen, und ich zugleich eine bessere Gesundheit und größere Heiterkeit des Geistes als in meinem ganzen übrigen Leben genieße . . ."

Nun wäre das ja ein erschreckender, fast grotesk anmutender Gedanke, daß alle Menschen, die etwas Tugendähnliches vollbracht haben, in ihrem vierzigsten Lebensjahre sich hinsetzen und Memoiren beginnen sollen. Angenommen, es fände sich auch nur für den hundertsten Teil dieser Bekenntnisbücher ein Verleger, so würden sich die erschreckten Staatsbibliotheken bald weigern, die üblichen Pflichtexemplare entgegenzunehmen, da ihre Gebäulichkeiten für diese hereinbrechende Fülle der Schriftstellerei nicht ausreichen könnten. Aber kein Verständiger wird leugnen, daß der Gewinn groß ist, wenn wirklich bedeutende Menschen, die schicksalsreiche Zeiten miterlebt haben, auf einer zu kühlem Ueberschauen einladenden Höhe des Lebens in Gesundheit und Heiterkeit des Geistes angelangt, Geschautes, Gedachtes und Erlittenes den Nachkommenden schildern.

Aber wenn auch nicht alle bedeutenden Menschen Memoiren geschrieben oder auch nur begonnen haben, über ihre Geburtsstätte, das Heim ihrer Kindheit, die Freuden und Freunde ihrer ersten Jugend sind wir doch meist durch sie selber unterrichtet. Irgendwo in ihrem Lebenswerk brechen Erinnerungen an die früheste, reinste, leidenschaftsloseste Zeit ihres Lebens durch. Mit Wehmut oder Humor gedenken sie ihrer ersten Spiele und Ziele, ihrer frühesten Irrtümer und Hoffnungen. Und für all dies ist es niemals gleichgültig, in welcher Landschaft, welcher Stadt, welchem Milieu das Kind zuerst um sich und in sich geschaut hat. Was Hölderlin im Hyperion von der Kindheit sagt, entspringt dem Gefühl der Dankbarkeit, das alle bedeutenden Menschen für ihre Kindheit — und sei sie arm und dürftig gewesen — behalten haben: „Ruhe der Kindheit, himmlische Ruhe, wie oft steh' ich stille vor dir in liebender Betrachtung und möchte dich denken! Aber wir haben ja nur Begriffe von dem, was einmal schlecht gewesen und wieder gut gemacht ist; von Kindheit, Unschuld haben wir keine Begriffe. Da ich noch ein stilles Kind war und von dem allen, was uns umgibt, nichts wußte, war ich da nicht mehr als jetzt, nach all den Mühen des Herzens und all dem Sinnen und Ringen? Ja! ein göttliches Wesen ist das Kind, solange es nicht in die Chamäleonsfarbe der Menschen getaucht ist. Es ist ganz, was es ist, darum ist es so schön. Der Zwang des Gesetzes und des Schicksals betastet es nicht; im Kind ist Freiheit allein. In ihm ist Frieden; es ist noch mit sich selber nicht zerfallen; Reichtum ist in ihm; es kennt sein Herz, die Dürftigkeit des Lebens nicht. Es ist unsterblich; denn es weiß vom Tode nichts . . ." Und vielleicht ist der Gedanke und der Dank an die Kindheit das, was die großen Menschen aller Zeiten am nächsten und am innigsten miteinander verbindet.

Die Erwachsenen und Erstarkten denken und empfinden im Sinne der Kultur ihrer Epoche und ihr voran; und der dem Grab entstiegene Heros des sechzehnten Jahrhunderts könnte sich nicht rasch und kampflos einigen mit dem Bürger des zwanzigsten Säkulums. Aber die Kindheit war immer und überall das Gleiche oder doch das Ähnliche. Der alternde Goethe steht am Fenster seiner Wohnung am Frauenplan, sieht auf Weimars winterliche Straße und sagt lächelnd zu Eckermann: „Ich brauche nur zum Fenster hinauszusehen, um in straßenkehrenden Besen und herumlaufenden Kindern die Symbole der sich ewig abnutzenden und immer sich verjüngenden Welt beständig vor Augen zu haben. Kinderspiele und Jugendvergnügungen erhalten sich daher und pflanzen sich von Jahrhundert zu Jahrhundert fort; denn so absurd sie auch einem reiferen Alter erscheinen mögen, Kinder bleiben doch immer Kinder und sind sich zu allen Zeiten ähnlich."

So sind die Geburtshäuser und die Winkel der Kindheit unserer Großen im Goetheschen Sinne die Stätten, an denen sich alle ähnlich waren — und zugleich die Stätten, die durch Landschaft, Architektur, Art und Charakter das erste Besondere in den Werdenden und Wachsenden wirkten. Der Sohn des Hochgebirgs nimmt einen Atemzug seiner Höhen mit in die Lebensarbeit im Tal und eine Sehnsucht. Und das Kind der Weltstadt wird den von Höfen und Mauern eingeengten Blick in die Welt seiner Jugend nie vergessen, wenn er längst hinaus in die Weite gefunden hat. „Aus der Jugendzeit klingt ein Lied mir immerdar — ach wie weit, wie weit — . . ." Es sind nicht die klingenden Lieder allein, die unvergessen bleiben. Das Herz nimmt die Bilder der Welt, wie sie erste starke Eindrücke geben, mit ins Leben; und sie beeinflussen häufig noch in den Jahren der Reife, auf des Lebens Höhe den Blick derer, die vor anderen zum Sehen geboren, zum Schauen bestellt sind.

So ist es begreiflich und löblich, wenn jede Stadt, die eins ihrer Kinder groß und stark und berühmt werden sah vor allen Zeitgenossen, das Haus, in dem der Überragende geboren, aus dem er seinen ersten Glauben, seine ersten Überzeugungen, Hoffnungen und gewiß auch seine ersten Irrtümer mit in die Welt nahm, in Ehren hält und es mit Stolz dem Enkel, dem Fremden zeigt. Manche Städte haben gewiß der bedeutsamen Erinnerungen so viele, daß es auf eine mehr nicht anzukommen scheint. In Frankfurt am Main hielt der große Karl eine Reichsversammlung ab, seines Sohnes, des frommen Ludwigs, Pfalz hat wohl noch Steine geliefert zum Saalhof, der heute an ihrem Platze steht. Die goldene Bulle, die im Städtischen Museum liegt, hat Frankfurt als Wahlstadt der Kaiser, zu der es Barbarossa erhob, bestätigt. Im Dom hat man sie gekrönt. Das Vorparlament des Jahres achtundvierzig hat hier getagt und die Nationalversammlung in der Paulskirche, die noch die Erinnerungstafeln trägt. In der ehemaligen Judengasse steht das Stammhaus der Rothschilds erhalten und renoviert, aus dem Deutschlands gewaltigste Geldmacht ihre bescheidenen Anfänge nahm. In dem Haus am Mainquai schrieb der große Pessimist die Ergänzungen zu seinem Hauptwerk und schloß die klugen, blauen Augen. Auf dem Friedhof gleich links am Portal liegt er unter riesiger glatter Steinplatte, auf der nur geschrieben steht: Arthur Schopenhauer. („Sie werden mich finden," hat der lang Verkannte befriedigt gesagt.) Wahrlich zwischen den alten Warttürmen, die noch stehen als Wahrzeichen kriegerischer Zeiten, der Erinnerungen genug! Und doch werden sie nicht in der reichen und schönen, alten und vornehmen Stadt gekrönt für das Herz des Kulturmenschen durch das Haus auf dem großen Hirschgraben, in dem Goethe geboren wurde, in dem Deutschlands größter Dichter ein Kind war, und im Giebelzimmer das berühmte Puppentheater aufschlug? In dem noch der Geist von Frau Ajas Märchen umgeht, die sie dem Knaben erzählte: „Da saß ich, und da verschlang er mich bald mit seinen großen, schwarzen Augen; und wenn das Schicksal irgendeines Lieblings nicht recht nach seinem Sinn ging, da sah ich, wie die Zornader an der Stirn schwoll und wie er die Tränen verbiß. Manchmal griff er ein und sagte, noch ehe ich meine Wendung genommen hatte: „Nicht wahr, Mutter, die Prinzessin heiratet nicht den verdammten Schneider, wenn er auch den Riesen totschlägt?" Wenn ich nun Halt machte und die Katastrophe auf den nächsten Abend verschob, so konnte ich sicher sein, daß er bis dahin alles zurechtgerückt hatte, und so ward mir denn meine Einbildungskraft, wo sie nicht mehr zureichte, häufig durch die seine ersetzt. Wenn ich dann am nächsten Abend die Schicksalsfäden nach seiner Angabe weiter lenkte und sagte: „Du hast's geraten! So ist's gekommen!" da war er Feuer und Flamme, und man konnte sein Herzchen unter der Halskrause schlagen sehen.

o die jungen Herzen unserer Großen geschlagen haben, da sind geweihte Stätten, da kehrt die Erinnerung ein, da huldigt unser Dank. Und der Name mancher Städte bekommt für den ihnen Fremden erst den Klang, den starken, weihevollen Klang durch das eine Haus, das irgendwo in einer stillen Gasse steht, schlicht und unansehnlich, und aus dem ein Großer seinen Weg in die Welt genommen.

Kamenz hat Kirchen, Rathaus, Bibliothek, wie viele andere deutsche Städtchen gleicher Größe. Es hat seine Garnison, seine Fachschulen, hat Granitbrüche und fabriziert hübsche Tonwaren. Aber daß sein Name klingt in allen deutschen Herzen und Erinnerungen, weckt auch bei denen, die nie durch die Oberlausitz gepilgert sind, verdankt es doch nur jenem Wintertage des Jahres 1729, da dem ersten protestantischen Prediger Lessing dort sein Sohn geboren wurde — das zweite von zwölf Kindern, der älteste von zehn Söhnen — dem er in der Taufe den Namen Gotthold Ephraim gab. „Vormals im Leben ehrten wir dich wie einen der Götter — Nun du tot bist, so herrscht über die Geister dein Geist", sang Schiller in den Xenien dem Verewigten nach. Der heut noch herrschende Geist leuchtete auf in dem kleinen Städtchen der Lausitz, das noch immer von seinem Ruhm vergoldet wird. Das Geburtshaus selbst ist bei einer schrecklichen Feuersbrunst anfangs der vierziger Jahre zerstört worden; aber das Städtchen hat des Dankes nicht vergessen. Ein Denkmal, ein Krankenasyl, ein Aussichtsturm tragen den Namen des Dichters der Minna von Barnhelm.

Und wieviel Leute in Deutschland, in der Welt wüßten heute was vom Dorf Wesselburen im Kreise Norderdithmarschen, wenn es nicht seinem großen Sohn Friedrich Hebbel ein Denkmal hätte errichten dürfen? Das Haus steht noch, das armselige kleine Haus. Und doch — Hebbel hat es selbst gesagt in der ergreifenden Schilderung seiner an Freuden so armen, an Entbehrung so reichen Kindheit: „Kein Haus ist so klein, daß es dem Kinde, welches darin geboren ward, nicht eine Welt erschiene, deren Wunder und Geheimnisse es erst nach und nach entdeckt. Selbst die ärmlichste Hütte hat wenigstens ihren Boden, zu dem eine hölzerne Leiter hinaufführt, und mit welchem Gefühl wird diese zum erstenmal erstiegen! Gewiß findet sich oben einiges altes Gerät, das unbrauchbar und vergessen in eine längst vergangene Zeit zurückdeutet und an Menschen mahnt, die schon bis auf den letzten Knochen vermodert sind..." Und der Phantasie des Kindes genügt das alte Gerät, um Märchen und Geschichten daran zu knüpfen, um sich zu fürchten und zu freuen. Und wenn das Kind einmal ein großer Dichter wird, gewinnt auch die wurmstichige alte Kiste, die einst zu Wesselburen hinter dem Schornstein stand und die Neugier reizte, ein seltsames Leben, eine eigenartige Bedeutung. Und wiederum redet Hebbel von seiner Kindheit, redet von der Kindheit aller und sagt: „Macht nun schon das Haus unter allen Umständen einen solchen Eindruck auf das Kind: wie muß ihm erst der Ort vorkommen!" Es tritt, wenn es zum erstenmal von der Mutter oder vom Vater mitgenommen wird, den Gang durch den Straßenknäuel gewiß nicht ohne Staunen an, es kehrt noch weniger ohne Schwindel von ihm zurück. Ja, es bringt von vielen Objekten vielleicht ewige Typen mit heim, ewig in dem Sinn, daß sie sich im Fortgang des Lebens eher unmerklich bis ins Unendliche erweitern, als sich jemals wieder zerschlagen lassen, denn die primitiven Abdrücke der Dinge sind unzerstörbar und behaupten sich gegen alle späteren, wie weit diese sie auch an sich übertreffen mögen. So war es denn auch für mich ein unvergeßlicher und bis auf diesen Tag fortwirkender Moment, als meine Mutter mich den Abendspaziergang, den sie sich in der schönen Sommerzeit an Sonn- und Feiertagen wohl gönnte, zum erstenmal teilen ließ. Mein Gott, wie groß war dies Wesselburen: fünfjährige Beine wurden fast müde, bevor sie ganz herum kamen!" ...

Wesselburen war diesem Kinde einmal die Welt. Und als dieses Kind — in Entbehrung, Schuld und Selbstzucht ein Mann wurde und die „Judith" schrieb und die Helden des größten deutschen Epos in der Nibelungen-Trilogie auf der Bühne lebendig werden ließ, da sind (hätt' er sonst die oben zitierten Worte in dem Stückchen Autobiographie niederschreiben können?) die Eindrücke seiner Kindheit, die Eindrücke aus dem armen Dorf im Dithmarschen noch lebendig in ihm gewesen, noch mit ihm gegangen in den Ruhm des Gefestigten. Zurückdenkend an jenen ersten Abendspaziergang mit der Mutter schreibt er: „Die Kirche, deren metallene Stimme ich schon so oft gehört hatte, der Gottesacker mit seinen düstern Bäumen und seinen Kreuzen und Leichensteinen, ein uraltes Haus, das ein „Achtundvierziger" bewohnt haben und in dessen Keller ein vom Teufel bewachter Schatz verborgen sein sollte, ein großer Fischteich: all diese Einzelheiten flossen für mich, als ob sie sich, wie die Glieder eines riesenhaften Tieres, organisch aufeinander bezögen, zu einem ungeheuren Totalbilde zusammen, und der Herbstmond übergoß es mit bläulichem Licht. Ich habe seitdem den Dom von Sanct Peter und jeden deutschen Münster gesehen, ich bin auf dem Père Lachaise und an der Pyramide des Cestius gewandelt, aber wenn ich im allgemeinen an Kirchen, Friedhöfe usw. denke, so schweben sie mir noch jetzt in der Gestalt vor, in der ich sie an jenem Abend erblickte ..." Hier ist das Bekenntnis vom Wert und der Bedeutung des Elternhauses, des Schauplatzes der Kinderspiele, der Vaterstadt für Phantasie und Lebenswerk eines Großen von ihm selbst gegeben. Nicht nur weil in den mit Ehrentafeln geschmückten Häusern große Männer geboren worden sind, weil sie in diesen Gärten spielten, träumten, Blumen pflückten und Bäume erkletterten, in jenen Sträßchen die Läden bestaunten und die Herrlichkeiten der Krämer begehrten — nicht deshalb sind solche Häuser und Gärten geweihte Stätten für uns. Sie haben Formen, Gestalten, fortwirkende Momente hinterlassen in den Herzen derer, die wir lieben und ehren. Die Kirchglocken der Heimat schwingen mit in der Weihe ihrer großen Stunden. Wir fühlen's und wissen's; und darum ist uns das Unsterbliche eines Vollendeten nirgends näher, als da, wo er geboren wurde, wo er ein Kind war; wo er empfing, was er — weit entfernt von diesem Schauplatz seiner Jugendspiele — auf der Höhe des Lebens und des Erfolges nie verlieren, nie verleugnen konnte.

Geweiht aber, wie die Stätte der Geburt eines Großen, muß uns auch die Stätte der Arbeit sein.

Die Schlachtfelder, einst blutgetränkt, heute von friedlichen Pflügen durchfurcht, preisen die Namen der Feldherren, die hier ihrem Volke freieren Atem, Mehrung der Macht und des Ansehens, Ruhe zur Arbeit des Friedens ersiegten. Die stillen Gelehrtenstuben, Dichterklausen, die oft versteckt abseits von den Straßen der Welt liegen, wollen gesucht und in empfänglicher Stimmung gefunden sein. Es weht ein pietätloser Wind durch die Welt. Die Nüchterlinge, die einmal in das moderne Städtewesen der vorwärtsdrängenden, von keiner Erinnerung an Ahnenkultur beschwerten Vereinigten Staaten hineingerochen, belehren uns hochmütig, daß wir der Pietät einen zu großen Raum gewähren. Und sogar junge „Kunst"-Gemeinden schreiben die Zerstörung geretteter Werte obenan in ihr wirres Programm.

Es ist traurig, zu denken, daß just aus Italien, dem Land der Künste und der großen Erinnerungen, das Geschrei der Umstürzler zuerst herüberklang, die aller Pietät, allen überkommenen alten Werten den Krieg erklären wollen; die am liebsten alle Museen dem Erdboden gleich machten und, einem dringenden Bedürfnis abzuhelfen, Kaffeehäuser oder Tanzsäle auf der Trümmerstätte errichteten. Die „futuristischen" Wortführer reißen zwar gewaltig den Mund auf und schwadronieren (wörtlich!): „Wir wollen die Museen, die Bibliotheken zerstören, den Moralismus bekämpfen, den Feminismus und alle opportunistischen und Nützlichkeit bezweckenden Feigheiten" — aber solche, der Parodie unzugänglichen, weil schon in sich parodistischen Manifeste sind und enthalten schließlich nichts anderes, als was übernächtige Jünglinge unter starkem Alkoholdruck an den Tischen geduldiger Cafés mit Nachtkonzessionen immer wieder produzieren; meist um zu vertuschen, daß sie sonst nichts zu produzieren haben.

In den Respektlosigkeiten früherer Sturm- und Drangzeiten lag allemal eine heimliche Liebe zu vergessenen oder nicht mehr genug gewürdigten Größen einer von der Erinnerung hell bestrahlten Vergangenheit. Auf solche wider den Strom schwimmende Jugend blickend konnte Nietzsche vielleicht sagen: „Ich liebe die großen Verachtenden, denn es sind die großen Verehrenden und Pfeile der Sehnsucht nach einem anderen Ufer . . ." Anders die sogenannten Futuristen von heute! Sie lassen nur sich selber gelten. Sie halten sich für den Ausgang und die Erfüllung neuer Künste. Sie reden viel und laut und nur von sich. Und ihr Programm fängt mit der Zerstörung aller bestehenden Kunst an. Erst wenn die Erde wieder wüst und leer ist und es wieder finster ward in der Tiefe, kann ihr Schöpfergeist über den Wassern schweben.

er Jugend gehört die Zukunft. Schön und gut. In diesem verständigen Satze, der gewiß nicht die Erfindung der Neuzeit ist, gipfelt alle Hoffnung auf Fortschritt. Alles, was gärt, hat seine eigenen Ideale, die es für besser, edler, erstrebenswerter hält, als die der Besonnenen, Gereiften, Ermüdeten. In diesem Sinne sind alle Menschen eine Weile „Futuristen" gewesen; haben sich Bürger geglaubt der Zeiten, welche kommen werden; haben sich Führer geträumt eines „anders denkenden" Geschlechts, das ein neues Leben aus den Ruinen blühen sieht. Und just die hellsten Köpfe sind's am entschiedensten, überzeugtesten. Für sie sind die großen Ziele zunächst da, um darüber hinauszuschießen. Später bekommt das die Augen für die richtigen Distanzen, bekommt die sichere Hand, den ruhigen Blick für das Erreichbare und — das leise, verzeihende Lächeln für die Eseleien und Kraftmeiereien der früheren Tage. Bis auf ein paar Ganz-Rabiate, die, vom Leben unbelehrbar, niemals in die Besonnenheit einlenken. Die bleiben eben unerträgliche Flegel, denen man ausweicht, bis sie am heimlich gewürgten Haß gegen den Erfolg der anderen und an der fressenden Wut über das eigene Nicht-Können erstickt sind.

Aber wenn schon der Jugend die Zukunft gehört, so gehört der besonnenen Reife die Vergangenheit, die respektvolle Erinnerung, die Pietät. Die wollen wir Deutsche uns auch nicht vom Ausland, so stürmisch es sich gebärde, ausreden lassen! Denn auch hier und diesmal gilt das Goethesche Wort aus Wilhelm Meisters Wanderjahren: „Der Deutsche läuft keine größere Gefahr, als sich mit und an seinen Nachbarn zu steigern. Es ist vielleicht keine Nation geeigneter, sich aus sich selbst zu entwickeln, deswegen es ihr zum größten Vorteil gereichte, daß die Außenwelt von ihr so spät Notiz nahm..." Längst nimmt die Außenwelt von uns Notiz. Daß sie's nimmt und nehmen mußte, verdanken wir den großen Geistern der Nation, die die anderen mitehrten, da sie an unserer Spitze gingen. Kopernikus, Luther, Dürer, Klopstock, Lessing, Kant, Friedrich der Große, Goethe, Schiller, Fichte, Arndt, Stein, Kleist, Joh. Sebastian Bach, Schopenhauer, Nietzsche, Heine, Hebbel, Bismarck, Richard Wagner ... und dahinter die Gestirne zweiter Ordnung, noch hell genug, über die Grenzen zu strahlen: Leibniz, Wieland, Basedow, die Humboldts, Fröbel, Gauß, Jean Paul, Karl Maria von Weber, Schadow, Liebig, Feuerbach, Menzel, Gustav Freytag, Paul Heyse ... Gewiß, ohne die Kraft und Tüchtigkeit des Volkes in seiner Gesamtheit vermag der einzelne nicht den Ruhm einer Nation zu gründen und zu festigen. Aber auf dem Boden der Siege von Roßbach, Leipzig, Königgrätz und Sedan ist für das deutsche Volk und mit ihm Unvergeßliches an Kulturarbeit geleistet worden. Das darf uns stolz und froh machen und bestärken in der Wachsamkeit an den Erinnerungsstätten, die uns das Gedächtnis für die Etappen unseres Weges im Herzen lebendig erhalten wollen.

Die Pietätlosigkeit der Nüchterlinge wird's ja auch in Zukunft an Angriffen auf diesen Erinnerungsbesitz nicht fehlen lassen.

Geschäft ist Geschäft. Wir haben in den letzten Jahrzehnten manches in dieser Arbeit erlebt an Versuchen und leider auch an tatsächlichen Zerstörungen. Und nicht immer waren die führenden Geister so blank in Waffen zur Abwehr bereit, wie damals, als im Frühling des Jahres 1842 von Kreuznach die Nachricht kam, daß auf der Ebernburg — jenem alten Salier-Schloß an der Nahe, das einst, da es Franz von Sickingen gehörte, den Anhängern der Reformation eine Zuflucht wurde — eine Spielbank errichtet werden sollte. Damals veröffentlichte Freiligrath in der „Kölnischen Zeitung" sein prächtiges, später seinem in der berühmten „Krone" von Aßmannshausen zusammengestellten „Glaubensbekenntnis" einverleibtes Trutzgedicht: „Ein Denkmal", das des großen Spielers und Freiheitsmannes Ulrich von Hutten ritterliches Bild beschwor und in wuchtigen Versen höhnte:

O Deutschland, deine Großen   Die Zeit ist Mälern günstig;
Zu ehren stets bereit!   Wen ehrt nicht seines Orts
Ihm, den die Welt verstoßen,   Ein Denkmal? Du entsinnst Dich
Ein Denkmal weih'st du heut!   Zur rechten Zeit des Worts:
„Jacta est alea! Ich hab's gewagt!"

Und o, mit welchem Bilde
Preis't ihn dein richt'ger Sinn:
Mit Helm und Schwert und Schilde
Stellst du den Hermann hin;
Mit seinem Bürgerbuche
Hebt Justus Möser sich; —
Ein Tisch mit grünem Tuche
Dem Würfler Ulerich!
„Jacta est alea! Du hast's gewagt!"

Auf Ebernburg, der Trümmer,
Da wird das Denkmal steh'n;
Da wird es bald den Schimmer
Erlauchter Gäste seh'n.
Den epheugrünen Stufen
Des Burgtors nah'n sie frank;
Dann hört man oft wohl rufen
Zu Huttens Preis: „Va banque!
„Jacta est alea! Ich hab's gewagt!"

Dann wirst du wieder schallen,
O Wort, voll Mut und Trutz,
Dort in der Herberg' Hallen,
Die der Gerechten Schutz!
Wirst bis zum Eiland dringen,
Wo matt sein Auge brach;
Wirst am Gestad verklingen,
Wo sterbend noch er sprach:
„Jacta est alea! Ich hab's gewagt!"

Was gilt's, daß wird ihn wecken!
Auf blickt er, wer ihn stört.
Ihr Herr'n, wollt nicht erschrecken,
Wenn ihr ein Echo hört!
Steht fest und ohne Scheuen,
Spielt weiter keck und kalt,
Wenn es wie Wetterdräuen
Zurück von Ufnau schallt:
„Jacta est alea! Ihr habt's gewagt?!"

Er ist damals nicht eröffnet worden, der Spielsaal. Aber vier Jahrzehnte später hat man auf halber Berghöhe ein Denkmal des Freundespaares Hutten-Sickingen dort enthüllt. Und wenn die, so davor stehen, auch vielleicht des tapferen Herrn Ulrichs Werke nicht mehr kennen und lesen — eine Stelle aus seinem Gesprächsbüchlein soll ihnen nicht vorenthalten werden. „Als ich einmal zu Rom," erzählt er im „Vadiscus" dem Ehrenhold, „mit einem von den allergrößten Buben darüber sprach (nämlich über die Schalkheit der Römer wider die Deutschen) und ihn ermahnte, daß er sich ein wenig schicklicher und ziemlicher benehmen sollte, da höre, welch höhnische und verächtliche Antwort er mir gab: „Man soll," sagte er, den Barbaren nicht nur kein Geld geben, sondern auch, wenn man es bei ihnen findet, es ihnen mit List und Gewandtheit abnehmen." Auf diese seine unverschämten Worte habe ich mich nicht enthalten können, ihm mit freiem Mut zu erwidern: „Hältst du uns Deutsche dieser Zeit denn für barbarisch? Wie darfst du uns gegenüber diese Anmaßung zeigen? Willst du Barbaren diejenigen nennen, welche ein grobes, unzüchtiges, viehisches Leben führen, sich feindselig zeigen und keine Milde üben, so sind wir weit davon entfernt. Willst du aber Barbaren diejenigen nennen, welche auch äußerlich in Christi Glauben leben, wie Gratian in den oben angeführten Worten verstanden wird, so kannst du kein Volk anführen, das sich beständiger an den Glauben und fester an die Gebote Christi hält als unsere Nation. Zu allen Zeiten sind die Deutschen von allen Völkern der Welt für treu, redlich und gastfreundlich gehalten und haben an Gottesfurcht und geistlichem Leben alle Nationen übertroffen..." Mög' er Recht behalten, der so tapfer vor seinem Volke stand!

Dichterliebe—
Dichter-
ehrungen

Amor im Park von Tiefurt
(„Dich hat Amor gewiß, o Sängerin, fütternd erzogen . . . .")

E. Schulte, Weimar

Das Haus von Goethes Lotte in Wetzlar

Charlotte Kestners Grab neben dem mit einem Kreuz geschmückten ihres Gatten in Hannover

Fremden-Verkehrsverein, Hannover

Das Frommannsche Haus in Jena, der Aufenthalt von Minchen Herzlieb, Goethes Vorbild für die Ottilie in den „Wahlverwandtschaften"

Alfr. Bischoff, Jena

Minna Herzliebs Grab auf dem Friedhof in Görlitz (gestorben 1865)

R. Scholz, Görlitz

Das Grabmal der Frau von Stein in Weimar („Gewidmet von der Goethe-Gesellschaft")

E. Schulte, Weimar

Das Gartenhaus der Frau von Stein in Weimar　　　　　Susanne Homann Darmstad

Schillers „Lolo". — Das Lengefeld'sche Haus in Rudolstadt (Der Heisenhof) Bilder von Hugo Lösch, Rudolstadt

Das Haus der Familie von Beulwitz in Rudolstadt, in dem Schiller Charlotte v. Lengefeld kennen lernte

Schloß Kalbsrieth, das Besitztum von Charlotte v. Kalb, Schillers Freundin, der die Gedichte „Kampf" und „Resignation" gelten

Das Brentano-Haus (in der Mitte) in Aschaffenburg Techno-photograph. Archiv, Berlin

Mielert, Dortmund
Bettinas von Arnim Geburtshaus in Frankfurt a. M.

Grabkapelle und Grab Achims v. Arnim auf Schloß Wiepersdorf Techno-photograph. Archiv, Berlin

Der Freundschafts- und Liebesbund der Arnim und Brentano

Fürst Pücklers romantische Liebe. Grab der abessynischen Häuptlingstochter Machbuba auf dem Friedhof zu Muskau. Davor die Steinbank, auf der Fürst Pückler bei seinen Besuchen auszuruhen pflegte

Fritz Mielert, Dortmund

Links: Das Stammschloß der Charlotte von Kalb, Schloß Waltershausen (Charlotte v. Kalb, Schillers u. später Jean Pauls Freundin — das Vorbild der Linda in seinem „Tftan" — lebte lange hier und beschäftigte hier auch den jungen Hölderlin als Erzieher ihrer Kinder)

Kesselringsche Hofbuchh., Hildburghausen

Rechts: Grabplatte Heinrichs Frauenlob im Mainzer Dom (Er starb 1318. Der Sage nach trugen ihn edle Frauen, wie das Relief unten zeigt, zu Grabe und begossen sein Grab mit Wein)

Mielert, Dortmund

Das Wieland-Denkmal im Park von Tiefurt E Schulte, Weimar

Denkmäler für Dichtungen und Dichter

Die Inschrift auf dem Sockel des Wieland-Denkmals lautet:

Wenn zu den Reihen der Nymphen,
Die eine Mondnacht versammelt,
Sich die Grazien heimlich
Von dem Olympe gesellen,
Hier belauscht sie der Dichter
Und hör: die schönen Gespräche,
Sieht dem heiligen Tanz
Ihrer Bewegungen zu.
Was der Himmel Herrliches hat,
Was glücklich die Erde
Reizendes hervorbringt
Erscheint dem wachenden Träumer.
Dann erzählt er's den Musen
Und dass die Götter nicht zürnen
Lehren ihn die Musen
Bescheiden Geheimnisse sprechen.

Alfr. Bischoff, Jena

Erlkönig-Denkmal, errichtet in einer erlenreichen Gegend im Park des Freiherrn von Tümpling bei Jena

Mit Genehmigung des Kaiserlichen Hofmarschallamts

Eine königliche Ehrung

Das Humboldt-Zimmer im Schloß Charlottenhof bei Potsdam, in Form einer Schiffskabine von Friedrich Wilhelm IV. eingerichtet

Spezial-Aufnahmen von Hofphotographen Selle und Kuntze, Potsdam

Von den Versuchen ähnlicher Barbareien, wie der geplanten Umwandlung der Ebernburg in eine Kloake des Fremdenverkehrs, ein Dorado der Glücksritter und eine Falle der Dummen, war leider viel zu oft zu hören in unserer Zeit.

So war — um ein paar Beispiele zu geben — davon geredet worden, daß das Kleist-Haus in Königsberg abgebrochen werden sollte. Das Haus, in dem die freie Ausgestaltung des Molièreschen „Amphitryon", das Meisterlustspiel „Der zerbrochene Krug", die „Penthesilia" geschaffen wurden. Hier schrieb Kleist den Aufsatz „Über die allmähliche Verfertigung der Gedanken beim Reden", begann die Novelle„Michael Kohlhaas", vollendete „Die Marquise von O..." und „Das Erdbeben in Chili". Vom Herbst 1804 bis Ende Januar 1807, bis zu seiner Reise nach Dresden hat Kleist, betreut von seiner Schwester Ulrike, in diesem Hause gelebt und gearbeitet. Erst als Diätar bei der Domänenkammer, dann, unterstützt durch die kleine Pension, die ihm die Königin zahlte, als freier Schriftsteller. Hier in Königsberg hat er auch seine ehemalige Braut, Wilhelmine von Zenge, wiedergesehen. Das Leben spielt merkwürdig. In einem seiner wunderlichen, mehr doktrinären als verliebten Briefe hatte der Dichter ihr einst geschrieben: „Über die Bestimmung unseres ewigen Daseins nachzudenken, auszuforschen, ob der Genuß der Glückseligkeit (wie Epikur meinte) oder die Erreichung der Vollkommenheit (wie Leibniz glaubte) oder die Erfüllung der trockenen Pflicht (wie Kant versichert) der letzte Zweck des Menschen sei, das, liebe Freundin, ist selbst für Männer unfruchtbar und verderblich." Jetzt fand er die Braut von damals wieder als Gattin des Professors Traugott Krug, der Kants, des Verkünders der „trockenen Pflicht", nicht eben unterhaltsamer, aber von Wilhelmine ehrlich geliebter Nachfolger war ...

Kants! Mit dem Namen des größten deutschen Philosophen sind wir gleich wieder bei einer Pietätlosigkeit. Nicht weniger als **viermal** hat man seine Gebeine umgebettet in der Stadt der reinen Vernunft, die ihn geboren und die er nie verlassen. Wohl steht sein Erzbild — von Christian Rauch — am Königsgarten (auch nicht mehr an seinem ersten Standort), aber weder sein Geburts- noch sein Sterbehaus sind erhalten. Im Jahr seines Todes hat man in dem Haus, in dem er gearbeitet und sein Kolleg gelesen, ein — Wirtshaus eröffnet, das sich auch einer Kegelbahn erfreute. Ein Zahnarzt ließ später eine Tafel daran anbringen mit der Inschrift: „Immanuel Kant wohnte und lehrte hier von 1783 bis Februar 1804". Diese Tafel befindet sich heute — ebenso wie die Haustür — im Besitze einer Altertumsgesellschaft. Denn das Haus des Verfassers der Kritik der reinen Vernunft ist gefallen. Ein Warenhaus hat sich ausgedehnt und brauchte den Platz der längst entweihten Räume.

Leider kein vereinzelter Fall. Chamissos Haus in der Friedrichstraße in Berlin ist schon vor einem Menschenalter abgebrochen worden. Auch das Haus, das damals an seine Stelle kam, ist schon wieder verschwunden. Mit ihm die Tafel, die kündete, daß hier Chamisso den „Peter Schlemihl" schrieb und seine „nutzbarsten und schädlichsten Gewächse, welche wild oder angebaut in Norddeutschland wachsen", liebevoll untersuchte. Die beiden schönen alten Kastanien, die im Garten nach der Wilhelmstraße zu seine

Arbeit beschatteten, überdauerten den Neubau des Jahres 1885 und standen noch lange. Jetzt hat man sie — warum, weiß der liebe Himmel — auch umgehauen. Verschwunden wie der Schatten des Peter Schlemihl ist jede Spur von Adalbert von Chamisso in Berlin an der Stelle seines Lebens und Wirkens.

Ich sagte schon: die Tafel vom Hause Kants liegt in einem Altertumsmuseum. Museen sind die letzte Zuflucht der Pietät.

Oft sind sie mehr. Sind, wie das Goethe- und Schiller-Archiv, das Nietzsche-Archiv, das Körner-Haus, Reuter-Museum, Bismarck-Archiv, Fundgruben der Forschung, Magazine der Wissenschaft. Einer Wissenschaft, die freilich vor lauter Spezialisierung manchmal vielleicht die großen Gesichtspunkte und die wertvollen Zusammenhänge mit dem Ganzen aus dem Auge verliert.

Am vornehmsten, und wenn man so sagen darf, am echtesten wirken solche Museen, wo sie in den Räumen untergebracht werden konnten, die noch der Lebende einst in Kraft und Fülle des Geistes geweiht; wo noch neben den Museumsräumen mit ihren glasgedeckten Tischen und Vitrinen ein Zimmer im Geschmack seines einstigen Besitzers möbliert und von seinen Lebensgewohnheiten, seinem Alltag, seiner Menschlichkeit erzählt. Die großen Museen, die Nur-Museen wirken leicht frostig, ja abweisend auf den Besucher von Herz und Phantasie. Das Gehäufte, Gestapelte all dieser ausgelegten Gegenstände und Schriften, die des Kommentars bedürfen, und die sich untereinander zu stoßen und zu genieren scheinen, quält und beängstigt ihn. In den eisigen oder ein andermal übel überheizten Räumen geht er umher, von Nummern und Unterschriften in Schönschrift verwirrt, von gelangweilt umherschlürfenden Wächtern beargwöhnt, die all diesem tausendmal gesehenen Kram nichts mehr abgewinnen können, ja vielleicht in ihrem subalternen oder allem Autoritativen abholden Gehirn niemals begriffen haben, warum so viel reiche und vornehme, gut gekleidete, fremde Sprachen redende Menschen hier zusammenströmen, Kataloge, Photographien und Ansichtskarten kaufen und im Flüsterton von längst vergangenen Dingen mit einer Wichtigkeit reden, als hinge Wesentliches ihres eigenen Lebens davon ab.

Das Museum hat etwas demokratisch Nivellierendes. Das Schöne liegt neben dem Scheußlichen, das Bedeutsame neben dem Gleichgültigen, die letzte Locke vom Haupte eines Heroen neben der gestickten Börse seiner unbedeutenden Frau, das Schreibheft aus der Kinderzeit neben der Totenmaske. Schmuck, Münzen, Raritäten, die der Besucher vielleicht aus den Werken eines großen Dichters als die Lieblinge seiner Altersblicke kennt, liegen zwischen belanglosen Briefen, Plänen, Gebrauchsgegenständen des Alltags. Das einzelne Stück hätte im weihevoll gestimmten Beschauer ehrfurchtsvolle Gedanken, dankbarste Erinnerungen geweckt; die nummerierte Masse, von Uniformierten gehütet, scheucht leicht die Stimmung; bringt ein Wissenschaftliches, Akademisches und auch wieder etwas Trödelhaftes in die Vorstellungen. Und was, herausgehoben aus der Menge, gewirkt hätte als Idyll, als Hymne, als Nänie, wird Katalognummer, Anmerkung, Philologie.

Aus diesem Grunde bin ich — so sehr ich ihr Verdienst und ihre Notwendigkeit einsehe — kein allzu großer Verehrer der Museen, die der Spezialforschung große Dienste leisten mögen, der Verehrung aber leicht Abbruch tun, weil sie Müdigkeit und Langeweile erzeugen. In den Räumen, in denen unsere Großen gelebt haben, die Spur von ihren Erdentagen zu erhalten — das schätze ich im Sinne der Pietät und lebendigen Verehrung wertvoller ein, als manche Museen mit ihren Häufungen von belanglosen Krimskrams um das von der Masse erdrückte Bedeutungsreiche.

Deshalb freue ich mich der Privatsammlungen, freue mich der verständigen Sammler, die an schönem, stillem Platz ihres Hauses aufstellen und den Freunden zugänglich machen, was sie mit dem feinen Spürsinn des Kenners aus dem Nachlaß eines Großen erworben und liebevoll belehrten Kindern und Enkeln hinterlassen können.

In jedem Menschen schlummert in einem Eckchen seines Herzens eine Sammelleidenschaft.

Sehen wir ab von jenen echten oder simulierenden Kleptomanen, die heimlich und mit Genuß alles sammeln, was nun einmal — nicht ihnen gehört und ein altes Strumpfband ebenso gierig mitgehen heißen, wie einen funkelnden Brillantring, und von jenen braven Realisten, die sich allein mit dem Sammeln gangbarer Münzsorten befassen. Irgend etwas „gesammelt" hat meist schon das Kind. Häufig etwas Dummes und Unnützes, manchmal etwas, was den Gesichtskreis erweitert und den Intellekt schärfen hilft. Aus den Jungen, die zum Entsetzen der Mütter tote Frösche und Blindschleichen in schlanken, mit Spiritus gefüllten Geléegläsern aufbewahren und jeden Gansschädel auskochen und „präparieren", werden häufig später tüchtige Ärzte, Naturforscher, Anatomen; und eine unter verständiger Leitung angelegte Briefmarkensammlung kann in einem aufgeweckten Kinde früh ein ganz besonderes Verständnis heranbilden für geographische Dinge, aber auch für die Völkerkunde und die Geschichte des letzten Jahrhunderts, die meist auf Schulen ebenso mangelhaft gelehrt wird, wie man emsig bemüht ist, den Zug des Xenophon mit allen Details bis zu dem Brechdurchfall der Truppen im Land der Karduchen klarzulegen. Und eine, allerdings für den Sammler vermögliche Eltern voraussetzende — Münzsammlung hat manchem Jungen ganz neue Gesichtspunkte für die Beurteilung bestimmter Zeitepochen vermittelt. Dazu treten heute noch Sammlungen hinzu, an die man früher nicht denken konnte. Eine Sammlung von Weinetiketten z. B. wäre früher ein sehr ödes Unternehmen oder eine dumme Protzerei gewesen. Heute, wo die rege Kleinkunst auch diesen sympathischen Schildchen häufig den Stempel des Künstlerischen aufdrückt, ist eine solche Sammlung schon nicht mehr ganz so albern. Und eine Sammlung künstlerischer Plakate gehörte heute, wenn sie auch einen unverhältnismäßig großen Raum beansprucht, gewiß zu den interessantesten Sammlungen, da sie zeigt, wie wir Deutsche allmählich (hier nach dem Muster der Franzosen) auch den Wert künstlerischer Durchführung für die Geschäftsreklame schätzen lernen.

ie schönste und vornehmste Sammlung aber scheint mir durch den Fortschritt der Zeit schwer bedroht. Ich meine die Autographensammlung. Ich rede aus trauriger Erfahrung, wenn ich sage: die verflixten Schreibmaschinen, deren sich schon jetzt etwa fünfzig Prozent aller geistig Produzierenden, wenigstens im brieflichen Verkehr, bedienen, werden in absehbarer Zeit diese interessante Art, zu sammeln, illusorisch machen: und es wird (was ja allerdings nicht ohne weiteres ein Unglück ist) leichter sein, ein Autogramm des alten Goethe zu erwerben, als ein paar Zeilen von einem kaum gestorbenen Lyriker oder Romancier, der vielleicht schon zu Lebzeiten nur engeren Kreisen bekannt war, und dessen Name, wenn überhaupt, nur in eine Fußnote der Literaturgeschichten übergeht.

Ich weiß, es besteht bei manchen, sehr klugen Leuten eine Voreingenommenheit gegen die Autographensammlungen. Ganz abgesehen aber davon, daß es ein eigenes Gefühl ist, ein Blättchen in den Fingern zu halten, auf dem die längst vermoderte Hand eines Großen im Geiste, eines Führers der Menschheit, eines Befruchters der Jahrhunderte geruht hat, redet die Schrift eines Mannes ganz anders zu uns, wie vielleicht der Mund des Lebenden geredet hätte; ganz anders, wie seine im Druck vervielfältigten Gedanken zu uns sprechen. Das edelste Organ, um zur Menschheit zu reden, ist die Schrift. Der Druck redet zur Allgemeinheit, die geschriebenen Worte scheinen an einen Bestimmten allein gerichtet und bringen uns mit dem Gedanken den Schreibenden, manchen intimen Wink über die Stimmung, in der er schrieb, ja über die Ansicht, in der er hier besserte, dort wegstrich oder ergänzte. So hat ein Manuskriptblatt, das zum Druck bestimmt war, einen doppelten Wert, weil doppelte Bedeutung. Es läßt uns in die Arbeitsstube des Schaffenden blicken, macht uns mit mancher zur Gesamtbeurteilung nicht unwesentlichen Gewohnheit vertraut und zeigt uns gewissermaßen in der Entstehung, in der Vorbereitung, was für die Allgemeinheit bestimmt war und für sie geformt wurde. In seinen „Parerga" von der idealen und poetischen Person redend, in deren Mund Plato seine Gedanken legte, von Sokrates, der nie eine Zeile geschrieben hat, sagt Schopenhauer: „Mündlich redet man bloß zu einer Anzahl Individuen; daher, was so gesagt wird, im Verhältnis zum Menschengeschlechte Privatsache bleibt. Denn solche Individuen sind für die edle Saat meistens ein schlechter Boden, in welchem sie entweder gar nicht treibt oder in ihren Erzeugnissen schnell degeneriert; die Saat also selbst muß bewahrt werden. Dies aber geschieht nicht durch Tradition, welche bei jedem Schritt verfälscht wird, sondern allein durch die Schrift, diese einzige treue Aufbewahrerin der Gedanken. Zudem hat notwendig jeder tiefdenkende Geist den Trieb, zu seiner eigenen Befriedigung seine Gedanken festzuhalten und sie zu möglichster Deutlichkeit und Bestimmtheit zu bringen, folglich sie in Worten zu verkörpern. Dies aber geschieht vollkommen allererst durch die Schrift: denn der schriftliche Vortrag ist ein wesentlich anderer als der mündliche, indem er allein die höchste Präzision, Konzision und prägnante Kürze zuläßt, folglich zum reinen Aktypos des Gedankens wird. Diesem allen zufolge wäre es in einem Denker ein wunderlicher Uebermut, die wichtigste Erfindung des Menschengeschlechts unbenutzt lassen zu wollen. Sonach wird es mir schwer, an den eigentlich großen Geist derer zu glauben, die nicht geschrieben haben: vielmehr bin ich geneigt, sie für hauptsächlich praktische Helden zu halten, die mehr durch ihren Charakter als durch ihren Kopf wirkten..." In diesem gewiß nicht im Hinblick auf Autographensammler geschriebenen Worten finden sich doch für diese einige sehr wesentliche Winke und zugleich eine Rechtfertigung ihrer Leidenschaft. Man braucht nicht durch Dick und Dünn mit der modernen graphologischen Wissenschaft zu gehen, die sich ja bei verschiedener Gelegenheit — wie im Dreyfus-Prozeß — schon zum Heulen blamiert hat, und man wird doch ohne weiteres zugestehen, daß die Schrift, auch von der formalen Seite betrachtet, als „einzig treue Aufbewahrerin der Gedanken", als Charakteristikum des Schaffenden gelten kann. Man halte ein paar der flott verwegen mit großen, groben Buchstaben hingeschriebenen Trutzverse Liliencrons neben Heinrich Heines durch unendliche Korrekturen immer wieder verwirrtes und doch aus aller Verwirrung zu präzisester Klarheit gefeiltes Manuskript: man halte die großen, reckenhaften Buchstaben mit den weiten Schleifen und den starken Grundstrichen des noch in seinen siebziger Jahren in „Talar und Harnisch" kämpfenden Wilhelm Jordan etwa neben die fast frauenhaft feinen Schriftzüge Baumbachs oder des klugen und stets auf die Wirkung bedachten Sudermanns saubere, wohlüberlegte Handschrift neben die auf großen Bogen wild ins Weite fließenden Sätze des Träumers Richard Voß — der „schriftliche Vortrag" wird hier zu der Persönlichkeit und ihren Gedanken oft überraschend sichere Kommentare geben. Nicht die für Sammler zurechtgemachten Blättchen, wohl aber Briefe an vertraute Freunde, Manuskriptseiten aus dem Lebenswerk geben dem Auge und Herzen des verständigen liebevollen Sammlers vom Persönlichen das Persönlichste.

ie Sammelleidenschaft ist vielleicht so alt wie die Menschheit; sicher so alt wie der mit Waffen geschützte, durch Gesetze garantierte Besitz. Das Kind und der Greis — das Lebensalter, in dem die wilderen Leidenschaften noch schlummern, und jenes andere Alter, in dem sie müde und verbrauchtschlafen gegangen sind — kennen sie. Lieben sie mit einer ähnlichen Liebe. Es hat etwas Rührendes, ein Kind, den Dichter par excellence, wertlose bunte Steinchen sammeln zu sehen, mit dem es sich seine Häuser und Burgen, seinem Spielzeug die phantastischen Traumschlösser baut. Es hat etwas Rührenderes, den Greis, der sich aus Kampf und Geräusch des vollen Lebens in die Stille geflüchtet, vergilbte Blätter durch das ver-

schärfende Augenglas betrachten zu sehen; zu beobachten, wie er mit den schlanken, zittrigen Fingern in diesen Dokumenten großer Zeiten und großer Gedanken blättert und im liebevollen Sichversenken in längst ausgekämpfte Schlachten des Geistes die Welt da draußen, die ihn nicht mehr braucht, und ihren kleinen Hader vergessen lernt. Unter den Sammlern, die auf der Höhe des Lebens und der Kraft stehen, gibt es Sammler des Kopfes und Sammler des Herzens; will sagen solche, die klug den steigenden Wert der Sammlung und ihrer Objekte ermessen und solche, die nur mit dem Herzen, mit ihrer Vorliebe für eine bestimmte Zeit und Mode, mit der Sympathie für bestimmte Menschen und Werte, das Liebgewonnene zusammentragen. Kind und Greis aber sind immer Sammler des Herzens.

Es gibt eine leichtlebige Menschenklasse, die über jede Art von Sammlung hochmütig die Nase rümpft. Es sind das meist dieselben Leute, die sich auch mit dem Sammeln von Erfahrungen nicht aufhalten, und die sich deshalb vom Mißgeschick des Alters, der Einsamkeit überraschen lassen, ohne in der Brust ein stilles Interesse großgezüchtet zu haben für etwas, das im Alleinsein, in den bösen Tagen, da die Kräfte nachlassen, den treuen Trost gewähren kann. Solches Interesse, das auch ein schönes Gegengewicht für den ungeheuren Gedächtnisballast der modernen Schule bildet, kann ein wohlmeinender Erzieher, ein verständiger Vater nicht früh genug in dem jungen Menschen wecken. Sport und Körperpflege — sehr schön! und mehr als das: sehr gesund. Und für den geistig Minderbemittelten kann auch der Sport ein Leben füllen. (Solange er nämlich gesund ist.) Geistige Regsamkeit aber wird immer das Weltbild über den Turf und die Griffon-Ausstellung und die nicht immer ganz einwandfreien Preisringkämpfe muskeltüchtiger Athleten hinaus auszudehnen bestrebt sein; wird die Welt nicht nur am rein Körperlichen fassen.

Man weist unsere Jugend gern auf England und seinen kräftigen Sport, der eine halbe Welt erobern half. Aber unsere jungen Leute, die es im Fußball- und Tennisspiel den sehnigen Jungen Albions nachtun, irren doch sehr, wenn sie glauben, daß ihr Ideal, der gebildete Engländer (nur von ihm kann die Rede sein) sich völlig ausgibt in seiner Liebe für Spiel und Sport. Ein Beispiel, auf das mirs hier ankommt... In England wurde das Sammeln von Autographen zuerst Sport und Geschäft. Hier hat auch die Lithographie zuerst sich in rasch sich verbessernden Publikationen das Interesse weiterer Kreise auf dem Kontinent wachgerufen; und von hier aus sind zuerst die listigen Fälschungen ins Land geflattert, die unzählige Sammler mit „letzten" Briefen der unglüklichen Maria Stuart und charakteristischen Handschreiben Oliver Cromwells beglückten. Die deutschen Gauner haben bald den Trick ihrer englischen Kollegen gelernt; und in der Mitte des vorigen Jahrhunderts tauchten Briefe von Luther — auch Einzeichnungen in älteste Bibeldrucke — und interessante Schreiben von Wallenstein in solcher Menge auf, daß schwerlich, wenn die Schriftstücke alle echt gewesen wären, dem einen Zeit geblieben wäre zu seiner Uebersetzung der Heiligen Schrift, dem anderen zu seinem immerhin zeitraubenden Kampf gegen die Schweden. Gottlob haben nicht nur die Gauner von England gelernt. Es gibt heute in Deutschland — wie der lebhafte Handel beweist — zahlreiche Autographensammler, die mit ihrer vielleicht spielerisch begonnenen Liebhaberei ein Stück Kulturarbeit verrichten, der Geschichtsforschung und der Kulturgeschichte in die Hände arbeiten. Schade, daß man — wie auf viel Gutes — so spät erst auf diese so viele Freuden in sich bergende Sammelarbeit verfiel. Aber wenn man bedenkt, daß auch die Freude am Genuß landschaftlicher Schönheiten noch durchaus nicht so alt ist; daß ein so bedeutender Mensch, wie Julius Cäsar bei seinem Alpenübergang wohl für die Schwierigkeiten aber durchaus nicht für die Erhabenheit der Hochgebirgsnatur Augen hatte und Worte fand, und daß selbst der Menschenfreund vom See Genezareth in seinen bilderreichen Reden niemals Bezug nahm auf die milde Lieblichkeit der Landschaft, die seiner einzigen Persönlichkeit den wunderbaren Rahmen schuf, so wissen wir, wie die Menschheit zu neuen Werten langsam erzogen werden muß. Auch diese Freude an menschlichen Dokumenten geistiger Führer, Märtyrer, Bahnbrecher ist spät erwacht. So spät, daß uns viel Köstliches verloren ging. Die erste bedeutende Sammlung hat ein Staatssekretär Heinrich IV., Lemenie de Brienne, sich angelegt. Später gab Ludwig XIV. durch Ankauf und Vervollständigung der Sammlung von Gaignières seinen zahlreichen Nachahmern das Beispiel und legte den Grund zu seiner einzig dastehenden Sammlung von Briefen und Dokumenten, die heute noch im Besitz des französischen Staates sind.

Solche Dokumente geistiger Führer zu sammeln, bereitet — das ist längst kein Geheimnis bevorzugter Nationen mehr — einen besonderen Genuß. Nicht mehr die Bibliotheken und gelehrten Körperschaften allein, auch eine große Anzahl von Privatleuten sammelt die Manuskripte, Briefe, Notizen großer Männer. Sammelt auch Dokumente ihrer Helfer, der Männer im Schatten, die auf sie gewirkt, und insbesondere der Frauen, die sie in Liebe zu großer Tat anspornt, zu poetischem Schaffen entzündet. Denn der Lebensroman fast aller bedeutender Persönlichkeiten, so verschieden er sich sonst abspielen mag, weist ein Kapitel auf, das im Erinnerungsbuche wenigstens das Motiv gemeinsam hat: die Liebe. Was ist schon alles über sie geschrieben worden! Wenn für jede Dummheit und jede Lüge, die ein Blindverliebter oder ein Blindverärgerter sich geleistet, eine goldene Leitersprosse gestiftet werden müßte, man könnte längst von der Erde zum Mond auf einer fertigen Leiter steigen. Das letzte Wort über sie wird nie gesprochen werden, solange sich der Hungrige und der Satte im Urteil über Ernährung, der Friedfertige und der Kampflustige in der Wertung des Waffenhandwerks nicht begegnen. Sie läßt Toren für einen kurzen Frühlingstag weise scheinen, macht aus behutsamen Weisen voreilige Narren und aus Trivialen lockt sie ein Fünkchen Poesie. Sie verändert dem von ihr Berührten das Weltbild, wandelt selbst Leid in süßen Selbstgenuß und läßt sich so wenig in Worten fangen, wie der Sonnenschein in die Mützen und Mausefallen der braven Schildbürger. Und wahrlich, wer ihrer heiteren Schöne sich freuend die „Komödie" der Liebe dichten will, der unterscheidet sich nicht gar so viel von den guten Bürgern von Schilda. Das aber ist der Zauber der Liebe, ob wir sie erleben oder nachdichten: ein Schimmer von Größe liegt vor allem, was sie angeht, und — wo sie schreitet, klingen aus Sang und Jubel, aus Hymnen und Schwärmerei für feine Ohren die leisen Schellchen der Narrheit mit... Liebesbriefe, die große Männer schrieben oder mit Dank empfingen, sammeln — heißt wundervolle Feuer erinnernd heraufbeschwören, die der Welt einmal Licht und Wärme gegeben.

Den Wert der Autographen der heute und in Zukunft lebenden bedeutenden Männer wird leider die Schreibmaschine rasch ins Unverhältnismäßige erhöhen. Durch ihre klappernde Tätigkeit mehren sich die Autographen der Modernen nicht in dem Verhältnis, wie die Sammeleifrigen zunehmen; und der verschleierte Autographenfang durch die früher beliebten, in schmelzenden Worten geschickt gestellten Fragen, etwa nach Sinn oder Entstehungsjahr irgendeines Werkes, führt — wenn überhaupt eine Antwort erfolgt — nur noch selten zum Ziel, da meist nur die Maschine beantwortet, was aus dem Menschen gefragt werden sollte. Vielleicht, wer weiß, ist die Zeit schon nahe, da unsere ABC-Schützen überhaupt keine Buchstaben mehr auf die Tafeln kritzeln, sondern gleich „tippen" lernen. Dann wäre mit den drei Jahrhunderten, für die etwa die Autographen in Betracht kommen, die Sammelfreude abgeschlossen. Und anstatt in den Briefen und Handschriften unserer Dichter und Denker, unserer Erfinder und Feldherren immer neue Anregung zum Nachdenken über entschwundene Zeiten zu finden, müßten sich die betrübten Sammler entschließen, sich der Jagd auf die grüne Britisch-Guyana und die blaue Mauritius anzuschließen.

Und was von Autographen gilt, mag in höherem Sinne von Reliquien überhaupt gelten.

Zum blöden Fetischismus, den Querköpfe mit den Erinnerungen an die großen Geister treiben, darf freilich die Freude am Besitz solcher geweihten Dinge nicht ausarten. Aber nur ein Roher oder ganz Phantasieloser wird das Schwert eines Siegers für Stahl wie jeden anderen, wird Pult und Schreibstuhl eines großen Dichters für wertloses Gerümpel erklären. Die Liebe und die Bewunderung adeln das Gewöhnliche, weil es der Außergewöhnliche besaß und im Gebrauch hatte. Als Napoleon als Besieger Preußens in Potsdam den Degen, den Orden und die Uhr des großen Friedrich an sich nahm, hat er triumphierend gesagt: „Mir sind diese Trophäen wertvoller, als alle Schätze des Königs von Preußen. Meine alten Soldaten werden sie mir aufbewahren, als Beweise der Siege der großen Armee und als Zeichen der Rache für Roßbach." Das ist bezeugt und verbürgt; ist keine Anekdote. Aber selbst — wär's eine!

IV

Im Liede
unsterblich
geworden

„Droben stehet die Kapelle" (Uhland)
Die Wurmlinger Kapelle

P. Sinner, Tübingen

„Über allen Gipfeln" (Goethe)
Das wieder erneuerte Bretterhäuschen auf dem Kickelhahn bei Ilmenau

Neue Photographische Gesellschaft, Steglitz

Auerbachs Keller in Leipzig

Dr. Trenkler & Co., Leipzig

„Aennchen von Tharau ist, die mir gefällt" (Simon Dach)   Techno-photograph. Archiv, Berlin
Rechts in den Bäumen liegt Aennchens Geburtshaus in Tharau

„Ekkehards" Welt: Neue photograph. Gesellschaft Berlin
Die gewaltigen Ruinen der Festung Hohentwiel,
deren Glanzzeit Scheffel schildert

„Die Ulme von Hirsau",   P. Sinner, Tübingen
die die ausgebrannten Mauern des Schlosses
überwölbt. Von Uhland besungen

An der Lurley (Heine's „Loreley") F. Mielert, Dortmund

Die Weibertreu bei Weinsberg Ludwig Schaller, Stuttgart
»Tief beugt die Last sie nieder, die auf dem Nacken ruht,
Sie tragen ihren Ehherrn, das ist ihr liebstes Gut.« (Chamisso)

Burg Lichtenstein
Hier spielt Wilhelm Hauffs gleichnamige Erzählung

Ludwig Schaller, Stuttgart

Der Mummelsee im Schwarzwald Ludwig Schaller, Stuttgart
(Mörike: „Die Geister am Mummelsee")

Das Haus von Rudolf Franz Huysser, Godesberg
Baumbachs „Lindenwirtin"
in Godesberg

Die durch die Tannhäusersage Carl Jagemann, Eisenach
berühmte Venushöhle im Hör-
selberg bei Eisenach

Auf dem Gipfel des Kyffhäuser Römmler & Jonas, Dresden
„Der alte Barbarossa
Der Kaiser Friederich . . ." (Rückert)

Der Staffelberg bei Lichtenfels Löffler & Co., Greiz
„Zum heiligen Veit von Staffelstein
Bin ich emporgestiegen . . ." (Scheffel)

Heim und Haus des jungen Jerusalem, des Urbilds von Goethes „Werther" in Wetzlar

(Mit Genehmigung des Wetzlarer Geschichtsvereins)

Thüring, Wetzlar

Photographie von F. Mielert, Dortmund
Die berühmte „Krone" in Assmannshausen, Freiligraths und anderer bedeutender Dichter (Hoffmann von Fallersleben, Gottfried Keller, Simrock usw.) Zufluchtsstätte

„Zu Aßmannshausen in der Krone
Da hielten sie die Wacht am Rhein"
(Johannes Proelß)

Der Bremer Ratskeller (Hauff's „Phantasien")

Die Glockengießerei in Rudolstadt, in der Schiller für sein „Lied von der Glocke" Anschauungen sammelte

Hugo Lösch, Rudolstadt

Chronik des „Rattenfängers":

Anno 1284

Am Dage Johannis et Pauli
War der 26. Junii
Dorch einen Piper mit aller-
ley Farve bekledet
Gewesen CXXX Kinder ver-
ledet
Binnen Hamelen gebo(r)n
To Calvarie bei den Koppen
verloren

Die Inschrift auf Eulenspiegels
Grabstein:

Anno 1350 is düsse
sten upgehaven.
Tille Ulenspegel ligt
hirunder begraven,
market wol und dencket
dran,
wat ick gewest si up erden,
alle die hir voräver gan
moten mi glick werden

Techno-photograph. Archiv
Das Rattenfängerhaus in Hameln

Otto Ahlrœp, Mölln
Till Eulenspiegels Grab in Mölln

Paul Muschalek, Breslau
Blick auf die alte Ohle in Breslau, den Schauplatz eines wesentlichen Teils der Handlung in „Soll und Haben" Gustav Freytags

Techno-photograph. Archiv, Berlin
Eine fromme Fabel: Die Bank Friedrichs des Großen in der Kirche von Kamenz

(Siehe Text Seite 66)

ie Anekdote ist meistens ein Tribut der Liebe, des Hasses, der Dankbarkeit — der lebendigsten Empfindungen, die noch das Bild einer großen Persönlichkeit grüßen. Blitzartig, wie Witzfeuerwerk einer Sekunde soll die Individualität eines großen Mannes gezeigt und im Beispiel kommentiert werden. Diodor weiß nichts von dem Gordischen Knoten; aber alle Krieger, alle Verehrer der Tapferkeit, alle Schulbuben erzählen, übersetzen, schwören heute noch, daß der große Alexander zu Gordion den rätselhaften Spruch des Orakels durch einen kecken Schwerthieb gelöst und damit sich selbst als künftigen Weltbeherrscher bezeichnet habe. Durch viele Jahrhunderte ist der Gordische Knoten Symbol heldenhafter Lösung erklügelter Schwierigkeiten geworden; denn Karl Siebels famoser Spruch, der zwei Jahrtausende nach Alexanders Besuch in Gordion das alte Märchen neu formuliert, steift manchem Zagenden den Nacken:

>   Sprich in Bedrängnis
>   Nie von „Verhängnis" —
>   Ein Alexander
>   Haut's auseinander!

Ja, es mag Menschen genug geben, die von Alexander dem Großen nichts „Positives" mehr aus ihrer Schulzeit wissen, als daß er den Gordischen Knoten durchgehauen hat. Wie sie vielleicht von Nero sich entsinnen, daß er Rom angesteckt habe; und von Newton, daß er die Gravitationsgesetze gefunden habe, als ein Apfel ihm auf die Nase fiel. Und — die ganzen Geschichten sind nicht wahr gewesen.

Wahrheitsfanatiker müssen weinend das Haupt verhüllen, wenn sie solche Anekdoten hören; wenn sie die Schauplätze jener Geschichten besuchen, die sich nie und nirgends begeben haben und deshalb nach Schillers Wort nie veralten. Aber sie müßten's auch, wenn sie Geschichtsbücher lesen oder Memoiren oder gar Grabsteine. Die Anekdote ist ein Splitterchen Lüge, aber auch ein Splitterchen Kunst. Sie fälscht einen Einzelvorgang, ja sie greift ihn keck aus der Luft. Aber sie fälscht das Gesamtbild ihres Helden nicht. Es wird von Hannibal keine Anekdote erzählt, in der er feige, von Cäsar keine, in der er unklug, vom alten Rothschild keine, in der er verschwenderisch gehandelt hätte. Auch wenn Nero Rom nicht in Brand gesteckt und im Anblick der aufflammenden Stadt griechische Verse deklamiert hat, bleibt er ein Scheusal, dem solche romantische Roheit schon zuzutrauen wäre. Anekdoten, die sich erhalten, haben ihre Berechtigung wie Kunstwerke; wie Porträts, die nicht direkt nach dem Leben geschaffen sind und die deshalb in Einzelzügen wohl irren können, aber in der Summe ihrer Details das Bild doch annähernd richtig nach alten Stichen, Münzen, Karikaturen zu geben vermögen. Und deshalb haben — das sei hier in Paranthese bemerkt — selbst solche Erinnerungsstätten einen Wert und eine Weihe, die vielleicht von der Forschung als Schauplatz wahrer Begebenheiten nicht anerkannt werden. Ein Sängerkrieg auf der Wartburg hat wohl niemals stattgefunden — obschon Wolfram von Eschenbach, Walter von der Vogelweide und andere Minnesänger sich am Hofe des Thüringischen Landgrafen Hermann zu Anfang des XIII. Jahrhunderts sicherlich aufhielten. Sollten wir darum Wagners Oper, Moritz von Schwinds Gemälde und die ganze Poesie der schönen Anekdoten missen? ... In der Kirche zu Kamenz befindet sich die berühmte Inschrift: „Hier stand und sang Friedrich II., König von Preußen, verkleidet im Cistercienser-Chorkleide im Jahre 1745 mit dem Abt Tobias und dem Geistlichen die Metten, währenddem die feindlichen Croaten ihn in hiesiger Kirche suchen und nur seinen Adjutanten fanden, den sie gefangen fortführten." Die Historiker des siebenjährigen Krieges wissen nichts davon — Mönche und Volk habens, viele Jahre nachdem das Abenteuer hätte passiert sein können, in Verehrung gedichtet. Und die Kirche von Kamenz trägt ihren Ruhm und ihre Tafel und soll sie behalten!

Rückert malt in einem seiner Gedichte die Phantasie, die als Riesenweib am Berge sitzt, und er gibt ihr zum Begleiter: „Witz, den Zwerg". Das Zwerghafte ist das Abnorme — womit angedeutet sein mag, daß der Dutzendmensch nicht witzig ist. Das Zwerghafte ist aber durchaus nicht immer das Mißgebildete, Verkrüppelte. Die kleinen Höhlenbewohner, wie sie der Mythus nordischer Völker sah, sind kunstfertige Gnomen, die den Göttern zur Hand gehen, geschickte Schmiede ihrer unbezwinglichen Gewaffen. Hüter heimlicher Schätze und Besitzer der wunderkräftigen Nebelkappe, die unsichtbar macht.

Man beschimpft den Witz nicht, wenn man ihn einen Zwerg nennt. Er weiß, daß er kein Riese ist. Aber noch immer schmiedet er, ererbte Kunstfertigkeit mythischer Elfen übend, blitzblanke Waffen gegen Dummheit und Aberwitz; noch immer springt er gelegentlich dem plumpen täppischen Gegner mit sicherem Sprung in den Stiernacken und klapst und piesakt und beutelt den Erschreckten. Noch immer schützt ihn vor den Augen gewisser geistig Minderbemittelter die Nebelkappe: Den Teufel spürt das Völkchen nie — und wenn er sie beim Kragen hätte!

Und wie das Riesenweib Rückerts nicht ohne den begleitenden Zwerg zu denken ist, so ist dem Volke sein Liebling nicht vorstellbar, nicht dauernd zu erhalten ohne die Anekdote. Daß der alte Fritz nach seinem eigenen Ausspruch „gegen alle Kriegskunst" bei Leuthen mit bloß dreißigtausend Mann die dreimal stärkeren Oesterreicher schlug, diese Wissenschaft hat mancher deutsche Mann bei harter Arbeit vergessen. Aber daß der große König mit dem Windmüller von Sanssouçi den lustigen Prozeß hatte; daß er dem armen schlafenden Pagen Dukaten in die Tasche steckte, dem Diebe, der die Uhr stehlen wollte, die Leiter hielt und den Offizieren, die den eingenickten

Ziethen wecken wollten, wehrte mit den duldsamen Worten: „Laßt ihn schlafen, er hat lange genug gewacht..." das ist (und wäre es hundertmal nicht so und nicht ähnlich passiert) in den bleibenden Wissenschatz des Volkes übergegangen... Wer nicht in der Anekdote lebt, der überschätze seine Unsterblichkeit nicht! Der lebt überhaupt nur für Bibliotheken und Gelehrtenstuben. Dem populären Mann heftet sich — und wär' er tausendmal der Wahrhaftigste und ein Feind jeder Lüge und Übertreibung gewesen — die Anekdote an die Sohlen. Sie gibt ihm den eigenen Witz, aber auch das Verständnis für fremden Witz. Sie erzählt gute Worte aus Friedrichs Munde, aber sie läßt ihn auch lachen über den bäuerlichen Kutscher, der ihn umwirft und dem darob ärgerlich Scheltenden seelenruhig zuruft: „Na, na, Majestät, haben Sie denn niemals eine Schlacht verloren?!" Nicht die größten Momente seines Menschentums fängt sie ein und hält sie fest, wirft nicht seine ganze Größe aus einem Spiegel zurück; aber sie spiegelt doch in einem Splitterchen das Charakteristische seiner Art, seiner Bewegung, seines Ausdrucks.

üchterlinge mögen's Geschichtsfälschung schelten: das Volk dichtet gerne mit, wenn es sich Leben und Taten derer, die ihm die Macht gemehrt oder die Freude gebracht, im Geiste wieder aufbaut. Und die Dichter, die oft nur das Gewissen eines Volkes sind, seine Dankbarkeit zum Ausdruck bringen, geben dem vom ganzen Volk Geträumten die bleibende Form, die dann wieder leicht für Geschichte genommen wird oder doch überzeugender wirkt, populärer wird, als die Kunde des historischen Vorgangs, wie ihn die trockene Wissenschaft richtig- und festgestellt. Bei Detmold erhebt sich auf der später als Berg des Gottes Teut umgedeuteten Höhe überm Lippeschen Walde das Standbild Hermanns des Cheruskers. Die Forscher bestreiten's, daß sein Römersieg an dieser Stelle stattgefunden — im Volk die Legende hat's anders gewußt und das Denkmal durchgesetzt... Von Roland, dem Paladin des großen Karl, dessen riesiges Steinbild auf vielen Märkten norddeutscher Städte die Gerichtsstelle hütet, wissen wir nichts, als daß er im Pyrenäental Ronceval mit anderen Edlen bei der Nachhut des Kaisers von den Basken angegriffen und getötet worden sei. Das Volk hat ihn zum Symbol starker, verläßlicher Treue gemacht — und die historische Begründung bilden drei dürftige Zeilen in Eginhards Lebensbeschreibung des Kaisers... Daß Herr Heinrich am „Finkenherd" saß — der heute noch in Quedlinburg gezeigt wird —, seiner Berufung zum deutschen Kaiser nicht gewärtig, ist eine zuerst zwei Jahrhunderte nach ihm auftauchende, wohl zu seinem Namen Heinrich der Finkler erfundene Geschichte, die sich das Volk gern gefallen ließ, das seinem Liebling, dem Besieger der Ungarn und Dänen die Schlichtheit nachrühmte und den Ruhm ließ, von seinem feindlichen Vorgänger selbst zum König empfohlen worden zu sein... Die schöne Sage von der Weibertreu — um die sich ein paar Dutzend Burgen und Städte in Deutschland stritten — ist schließlich durch die Entscheidung seiner Dichter an Weinsbergs romantischen Mauern haften geblieben. Denn auch an einem Dichterwort soll man nicht

drehen und deuteln, meint das Volk. Das Volk, das den Heinrich Frauenlob, den Minnesänger, der sicherlich wie jeder andere bestattet worden ist, durch trauernde Frauen und Mädchen zu Grabe tragen läßt; das dem Eulenspiegel noch im Grabe einen Schwank nachsagt — denn, so heißt es, der Sarg mußte aufrecht beerdigt werden — und das den schlichten Tod in Treue für die gute Sache gern aufputzt, wie im Falle des Stallmeisters Froben, der wohl in der Schlacht bei Fehrbellin hinter seinem Herrn, dem Großen Kurfürsten erschossen wurde, aber nach keiner zeitgenössischen Mitteilung den Kurfürsten überredet hat, den weithin sichtbaren gefährlichen Schimmel gegen sein schlicht braunes Pferd zu tauschen. Der Heldentod verdient den Lorbeer, warum sollen sich die Rosen der Poesie nicht leuchtend in den ernsten Kranz schlingen?

Theodor Körners begeisterte und begeisternde Jugend war ein Versprechen an die Nation — eine Erfüllung nur in seinen Kampfliedern. Aber als der talentvolle Sohn eines durch seine Freundschaft mit Schiller unsterblich gewordenen Vaters an jenem bösen Augusttag des Jahres 1813 beim Mecklenburgischen Gadebusch verröchelte, da wurde in ihm, wie in einem herrlichen Symbol, Deutschlands edle Jugend dem großen Befreiungskampfe als Opfer geweiht. Er durfte und mußte Vorbild unserer Jugend bleiben, wennschon die Dramen seiner an Schillers Größe sich emporrankenden Unreife vergessen werden; er hat die Lehre seiner Lieder gelebt und ist ihr getreu verblutet — und eh' er's ahnen konnte, hat er sich selbst im „Zriny" den Grundstein seines Ruhmes gelegt in den Versen:

> Wer mutig für sein Vaterland gefallen,
> Der baut sich selbst ein ewig Monument
> In treuen Herzen seiner Landesbrüder,
> Und dies Gebäude stürzt kein Sturmwind nieder.

Bismarck hat einmal — in seiner Rede vom 12. Juni 1882 — gesagt: „Ich frage gar nichts danach, ob eine Sache populär ist. Die Popularität ist eine vorübergehende Sache." Der Recke in den Kürassierstiefeln der Halberstädter hat als eiserner Kanzler gesprochen und von seinem Standpunkt aus recht gehabt. Des Lützower Jägers Körner Popularität beruht auf einer „Sache", die zweckmäßig und vernünftig war: auf der Begeisterung eines geknechteten, getretenen Volkes für Freiheit und Recht. Diese Freiheit hat er besungen in Tönen, die nie ein Stubenhocker traf; für dies Recht ist er glorreich gestorben. Und wenn Simonides, der antike Meister epigrammatischer Poesie, am Grabe des heiter genießend von Fürstenhof zu Fürstenhof ziehenden Joniers Anakreon sprach:

> Alles bezaubernde Rebe, weingebende, Mutter der Trauben,
> Die du ein festes Geflecht zierlicher Ranken erzeugst,
> Flicht dein grünendes Laub um Anacreons niedrigen Hügel,
> Über die Spitze des Steins treibe die Blätter empor,
> Daß hier des Weines Verehrer, der taumelnde Führer der Reigen,
> Welcher im Liebesrausch nächtlich die Lyra einst schlug,
> Auch im Schoße der Erde noch über dem göttlichen Haupte
> Strahlender Trauben Pracht hoch an den Reben erblickt —

so darf die deutsche Dichtung und der deutsche Dank über dem Grabe bei Wöbbelin die starke deutsche Eiche grüßen. In ihrem Schatten schläft ein früh Vollendeter, der, als „Deutschland warb um seine Krone", hier allzufrüh die ewige Wohnung bezog, ein Sänger und ein Held zugleich.

Der Zusammenhang eines einzelnen mit dem großen nationalen Leben ist dem kurzen Erdengang Körners so sinnfällig und so wundervoll aufzudeuten — das hat ihm die große Gemeinde geschaffen, hat aus dem Museum, das die Andenken an sein Leben und seinen Tod enthält, und aus seinem Grabe geweihte Stätten gemacht. Selbst die mit Nietzsche der extremen aristokratischen Ansicht huldigen, daß ein Volk nur ein Umweg der Natur ist, um zu einem Dutzend großer Männer zu gelangen; selbst wer den Kultus des Genies und nur diesen so rücksichtslos alles Mitleid mit den Unterdrückten ausschaltenden Kultus mit macht, wird den jungen Helden hoch werten müssen, der — vielleicht auf dem Wege zur höchsten Kultur jener olympischen Menschen, die erst die Kunstwelt bauen — für seines Volkes Freiheit das so viel versprechende Leben freudig hingab.

Das große Geheimnis des Todes schafft am leichtesten die Weihe der Stätte. Vor dem gefallenen Vorhang stehen wir erschüttert und im Tiefsten aufgewühlt — und doch wieder angefächelt von einem köstlichen Hauch jener Ruhe, die nicht von dieser Erde ist. Wenn uns vom verwitterten Grabstein ein Name entgegenleuchtet, der immer noch Leben wirkt und Leben schmückt, so kommt eine Stimmung über uns, als ob wir noch einmal Zeuge würden der letzten Heimkehr, die aller Unrast ein Ende gesetzt und allem Kampf.

Die Kuppeln der Kathedralen sind es nicht immer, die uns diese reinste Stimmung geben. Die Mächtigen der Erde, die Könige und Kirchenfürsten, die Heiligen und schlachtberühmten Helden genießen diese wunderliche Ehre, unter dem kahlen Steinboden für die Jahrtausende hingestellt zu werden in verstaubten Kasten aus Metall oder Stein. Mancher gegen seinen Wunsch und Willen; wie der alte Fritz, der zwischen seinen treuen und geliebten Windspielen zu schlafen dachte in der Sonne vor seinem Lieblingsschloß mit dem französischen Namen, und den der pietätlose Respekt des Neffen in der Potsdamer Garnisonkirche beisetzen ließ neben dem Sarge seines Vaters, den der Lebende gern gemieden, früh gefürchtet, spät geehrt und nie geliebt hat.

Theodor Fontane hat am 31. Juli 1898 in seinen prächtigen Versen: „Wo Bismarck liegen soll..." so manchem in Treue Verehrenden aus dem Herzen gesprochen:*)

> Nicht in Dom oder Fürstengruft,
> Er ruh' in Gottes freier Luft
> Draußen auf Berg und Halde,
> Noch besser: tief, tief im Walde;
> Widukind lädt ihn zu sich ein:
> „Ein Sachse war er, drum ist er mein,
> Im Sachsenwald soll er begraben sein."

*) Gedichte von Theodor Fontane J. G. Cotta'sche Buchhandlung. Stuttgart und Berlin.

> Der Leib zerfällt, der Stein zerfällt,
> Aber der Sachsenwald, der hält;
> Und kommen nach dreitausend Jahren
> Fremde hier des Weges gefahren
> Und sehen, geborgen vorm Licht der Sonnen,
> Den Waldgrund in Epheu tief eingesponnen
> Und staunen der Schönheit und jauchzen froh,
> So gebietet einer: „Lärmt nicht so! —
> Hier unten liegt Bismarck irgendwo."

Die große, gütige Mutter Natur verlangt uns alle zurück — die Kleinen und die Unbeträchtlichen, wie die Großen und Wertvollen — und die Gräber, die unter schattenden alten Bäumen liegen, vom Sommer lieblich überblüht, vom Winter eingehüllt in die weißen Flockentücher, sagen uns oft mehr, sagen uns williger das an's Herz klingende, als die gereihten Sarkophage dunkler, schauerlich kalter Grüfte. Kurz vor seinem Tode hat Friedrich Rückert in sein Tagebuch die rührend schönen, ahnungsvollen Worte geschrieben:

> Verwelkte Blumen, Menschenkind,
> Man senkt gelind
> Dich in die Erd' hinunter.
> Dann wird ob Dir der Rasen grün
> Und Blumen blüh'n
> Und Du blühst mitten darunter ...

Die Gräber der Großen, die für uns geblüht haben und die jetzt im Rückert'schen Sinne nur noch im Frühling still mitblühen, sollten wir zu finden wissen! Sollten wir pflegen und auszugestalten trachten im Sinne, der ihrem Leben, ihrer Art, ihrer Leistung entsprach. Es müßte Ehrenpflicht jeder Stadt sein, daß sie dem stillen Bürger ihres Friedhofs, der zu ihrem Ruhm beigetragen, das Grab schmückt und erhält. Wenn schon die Stätte, die ein guter Mensch betrat, eingeweiht ist, wie vielmehr die Stätte, die sein Vertrauen sich zur letzten Ruhe bestimmt hat.

Das große Ziel der sozialen Fürsorge ist es: daß kein einziges Kind im Lande jemals mehr vor Hunger weint. Das Land, das solches Ziel erreicht, verdient an der Spitze der Kultur zu stehen und die Führung zu behalten. Aber das Ziel der Pietät müßte es sein: daß kein Grab eines Förderers der Nation, verfallen und verlottert, stumme Anklage erhebe gegen den schnöden Undank leichtsinniger Enkel.

Weit über die Lande zerstreut liegen die heiligen Hügel, unter denen unsere Großen schlafen. Jeder von ihnen hat andere Wächter, andere Hüter seiner Ruhe. Möge ein stiller Wetteifer, die treuen Toten in ihren irdischen Resten zu ehren, die Lebenden wach und freudig halten in der Pflege des Unsterblichen, das sie uns hinterließen, es zu nützen und auszubauen. Der harte König, den Schiller über Spanien herrschen läßt, soll Unrecht behalten mit seiner menschenverachtenden Frage: Was ist vergeßlicher als Dankbarkeit?

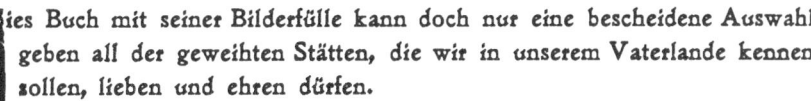ies Buch mit seiner Bilderfülle kann doch nur eine bescheidene Auswahl geben all der geweihten Stätten, die wir in unserem Vaterlande kennen sollen, lieben und ehren dürfen.

Wir sehen die Geburtshäuser unserer Großen — wie schlicht oft und armselig! — kehren in den Städten, an den Plätzen ein, die ihrer Jugend muntere Spiele sahen, verweilen an den Gartenwinkeln und Parkverstecken, die, von heimlicher, die Seele beschwingender Liebe geadelt, durch das erste Aufblitzen unsterblicher Gedanken geweiht sind.

Wir grüßen in diesen Blättern die Wirklichkeit, den Traum und die Legende und wandeln, scheinbar planlos und doch im Erinnern beglückt, durch die Jahrhunderte und den in ewigen Blüten leuchtenden Garten des Ruhms . . .

Es konnte nicht Sinn und Zweck meiner Ausführungen sein, einen pedantischen Wegweiser, eine Art literar-historischen Bädecker durch diesen köstlichen vom Meer zu den Alpen sich dehnenden Garten zu schreiben. Durfte mir nicht einfallen, mit trockenen Zahlen und gehäuften Namen die Stimmung zu zerreißen, die aufblühen soll aus allen diesen Erinnerungsblättern, die vereinigt den köstlichsten Kulturbesitz unseres Volkes deuten. Was zur Erklärung im einzelnen nötig ist, was zu Spezialstudien anregen könnte, sagen klar und deutlich die kurzen Notizen unter den Bildern selbst.

Mein Amt war nur, dem Stolz, der Freude und der Hoffnung hier Ausdruck zu geben, die solche Fülle erinnernder Gesichte in empfänglichen Herzen wecken muß. Dem Stolz: daß unser Vaterland so reich ist an Stätten, die es verdienen, gekannt zu sein. Der Freude: daß der Sinn in uns lebendig blieb, diese Stätten zu suchen und zu erhalten. Der Hoffnung: daß die kommenden Generationen sich der reichen Erinnerungswerte würdig zeigen mögen, die wir heute Lebenden ihnen, gedeutet und gepflegt, hinterlassen. Denn — wie Wilhelm Jordan das in einem hübschen Gelegenheitsgedicht einmal ausgedrückt hat:

> Denn der Segen, den wir erben,
> Legt uns auf die schwere Pflicht:
> Selbst ein volles Gleichgewicht
> Eignen Wertes zu erwerben!

Namen-Verzeichnis

mit Angabe der Seitenzahlen der bezüglichen Bilder

Alexis, Willibald 86	Günther, Joh. Christian . . 92	Lortzing 96
Arndt, Ernst Moritz . . . 74	Gutenberg 112	Ludwig, Otto 86
Arnim, Achim v. 45	Haeckel, Ernst 81	Königin Luise 85
Bach, Joh. Seb. 98	Hauff 61, 63	Luther 77, 110
Baumbach, Rudolf 62	Hauptmann, Gerhard . . . 104	Manskopf-Museum . . . 109
Beethoven 97	Hebbel 93	Mayer, R. v. 76
Bismarck 27, 109	Heidelberg 88	Mörike 62, 92
Blasewitz 92	Heilbronn 88	Nicolaihof, Berlin . . . 105
Brahms 96	Heine, Heinrich . 60, 76, 110	Novalis (Hardenberg) . . 82
Brentano 45	Herder 76	Opitz, Martin 94
Bürger 87	Herzlieb, Minna 42	Pückler, Fürst . . . 46, 106
Chamisso 60	Hoffmann, E. T. A. . . . 94	Raabe, Wilhelm 80
Claudius, Mathias 93	Hoffmann von Fallersleben . 111	Rattenfängerhaus 64
Cornelius, Peter 102	Hölderlin 86, 104	Rauch, Christian 100
Dach, Simon 59	Hölty 111	Reuter, Fritz . 28, 80, 90, 108
Defregger 101	Hörselberg 62	Richter, Ludwig 101
Droste-Hülshoff 30	Humboldt . . 26, 48, 74, 78	Rothschild 76
Dürerhaus, Nürnberg . . . 99	Hutten 111	Rückert 62, 104
Eichendorff 28, 91	Ibsen 104	Sachs, Hans 90, 111
Eulenspiegel, Till 64	Jean Paul 86	Scheffel 59, 62, 73
Fichte 84	Kalb, Charlotte v. . . 44, 46	Schill 84
Fontane, Theodor 79	Kant 84	Schiller 7, 10, 12
François, Luise v. . . . 106	Kaulbach, W. v. 100	13, 14, 15, 63, 81, 107, 110
Frankfurt 90	Kestner (s. Goethe's Lotte) . 41	Schleiermacher 82
Frauenlob, Heinrich . . . 46	Kleist, Heinrich v. . . 74, 83	Schopenhauer 32
Freiligrath 63, 74	Klopstock 73, 87	Sickingen, Franz v. (s. Hutten) 111
Freytag, Gustav . 64, 76, 78	Kopernikus 77	Stein, Frhr. vom u. zum . 73
Friedrich der Große . 25, 64	Körner, Theodor . 74, 83, 103	Stein, Charlotte v. . . 42, 43
Geibel, Emanuel 81	Kosegarten 92	Storm, Theodor 104
Gellert 74	Lauchstedt 91	Uhland 29, 57, 59
Goethe 8, 9, 11	Leibl, Wilhelm . . . 102, 103	Voss, Joh. Heinr. 91
14, 15, 47, 58, 63, 106, 107	Leibniz 90	Walther von der Vogelweide 87
Goethe's Lotte 41	Lenbach 100	Wagner, Richard 95
Gottsched 74	Lengefeld, Charlotte v. . . 44	Wartburg 89
Grabbe 74	Lessing 16, 108	Weber, Carl Maria v. . . 96
Grimm, Brüder 82	Liebermann, Max 102	Weimarer Dichterkreis . . 8
Grimmelshausen 92	Liliencron . . . 31, 79, 110	Wieland 47
Groth, Klaus 75	Liszt, Franz 98, 109	Kaiser Wilhelm I. 85

V

Die Anfänge des Genies

Schloß Nassau an der Lahn, Stammsitz des Freiherrn vom und zum Stein   H. Mues, Berlin

In Scheffels Elternhaus in Karlsruhe, am 50. Geburtstag des Dichters (16. Fbr. 1876)   Mit Erlaubnis der Frau von Scheffel

Klopstocks Geburtshaus in Quedlinburg   Susanne Homann, Darmstadt

„Dort hinter diesen Fenstern
Verträumt ich den ersten Traum"

Sechs berühmte Stammhäuser

(Photographien von Eugen Reichel, Berlin — aus seiner „Gottsched-Biographie" — vom Techno-Phot. Archiv; F. Mielert, Dortmund und Oskar Bauer, Frankfurt a. O.)

Das Geburtshaus von Gottsched in Juditten bei Königsberg i. Pr. (oben links), Gellert in Hainichen i. Sa. (oben rechts), Kleist in Frankfurt a. O. (Mitte links), Körner in Dresden (Mitte rechts), Ernst Moritz Arndt in Schoritz a. Rügen (unten links), Freiligrath in Detmold (unten rechts).

(Neben Kleists Geburtshaus (links) steht (rechts) das Wohnhaus der Gebr. Humboldt in Frankfurt a. O. Neben Freiligraths Geburtshaus (ganz rechts) steht (in der Mitte) Grabbes Sterbehaus in Detmold.

Aus den Kinderjahren
Klaus Groth's in Heide

Oben: Geburtshaus und Geburtsstube
Unten: Kinderstube

Photograph Th. Harder, Heide

Techno-photograph Archiv, Berlin

A. Neubaur, Mohrungen

Joh. Gottfried Herders Geburtshaus,
Mohrungen (Ostpreußen)

(Aus: Seiler, Gustav Freytag, R. Voigtländer, Leipzig)

Das Geburtshaus Gustav Freytags in
Kreuzburg (Schles.)

Techno-photograph. Archiv, Berlin

Robert v. Mayer, der Entdecker des
Gesetzes von der Erhaltung der Kraft,
wurde in Heilbronn in dem mittleren
hier abgebildeten Hause geboren.

E. Knabe, Düsseldorf

Heinrich Heines Geburtshaus
in der Bolkerstr. in Düsseldorf
Oben zwischen den Schildern sein
Reliefporträt

F. Mielert, Dortmund

Das Stammhaus der Rotschild in
Frankfurt a. M.

„Auch der Reichtum ist eine Kraft
So gut wie Weisheit und Stärke..." (Rückert)

Aus der
Werkstatt
der
Schaffenden

Das Studierzimmer des Kopernikus im Turm
der Frauenburg am Frischen Haff bei Elbing

Willibald Zehr, Elbing

Das Lutherzimmer auf der Wartburg. (Hier wurde die Bibel übersetzt.)

Blick in Humboldts Arbeitszimmer in Tegel (Aus: „J. Höffner, Tegel." Verlag von Velhagen & Klasing.)

Gustav Freytags Arbeitszimmer in Siebleben (Aus: „Seiler, Gustav Freytag". Verlag R. Voigtländer, Leipzig)

Heuer und Kirmse, Berlin
Das Fontane-Zimmer im Märkischen Museum in Berlin

Eine Ecke in Detlev von Liliencrons Arbeitszimmer in Alt-Rahlstedt   S. Liebreich, Hamburg

G. Heinemann phot.
Fritz Reuters Arbeitszimmer

(Mit Genehmigung des Reutermuseums Eisenach)

Der Schreibtisch Wilhelm Raabe's

Wilhelm Raabe's Bibliothek in Braunschweig

Bilder von Prof. Dr. Fritz Limmer in Darmstadt

Emanuel Geibel's Aufenthalt in Escheberg bei Cassel; das
Haus, in dem er das Lied „Der Mai ist gekommen" dichtete

Hofphotograph Ebert, Cassel

Dr. Trenkler & Co., Leipzig

Das Schillerhaus in Gohlis (Leipzig), in
dem das „Lied an die Freude" entstand

Alfr. Bischoff, Jena

Haeckel's Villa Medusa in Jena

Hofphotograph Eberth, Kassel
Das Märchenhaus der Brüder Grimm in Kassel,
mit dem Relief der „Märchenfrau" aus Nieder-Zwehren, der alten Erzählerin, der die Brüder Grimm einige ihrer schönen Märchen verdanken

Novalis' (Hardenbergs) Gartenhaus in Weißenfels

F. Albert Schwartz, Berlin
Die Dreifaltigkeitskirche in Berlin,
in der Schleiermacher predigte

VII

In memoriam

Theodor Körner's Grab unter der Linde bei Wöbbelin

Bilder vom Techno-phot. Archiv, Berlin

Das Grab Heinrich von Kleist's am kleinen Wannsee bei Berlin

Techno-phot. Archiv. Berlin / Bon's Buchhandlung, Königsberg

Die einzige sichtbare Erinnerung an Königsbergs berühmten Sohn
Links: **Die Kantkapelle, in der der große Philosoph beigesetzt ist.** Rechts: **Innenansicht**
(Alle übrigen an Kant erinnernden Bauwerke sind vom Erdboden verschwunden.)

Techno-phot. Archiv. Berlin

Johann Gottlieb Fichte † 1814 (Berlin)   Schill, gefallen 1809 (Stralsund)

Das Mausoleum in Charlottenburg — Albert Schwartz, Berlin

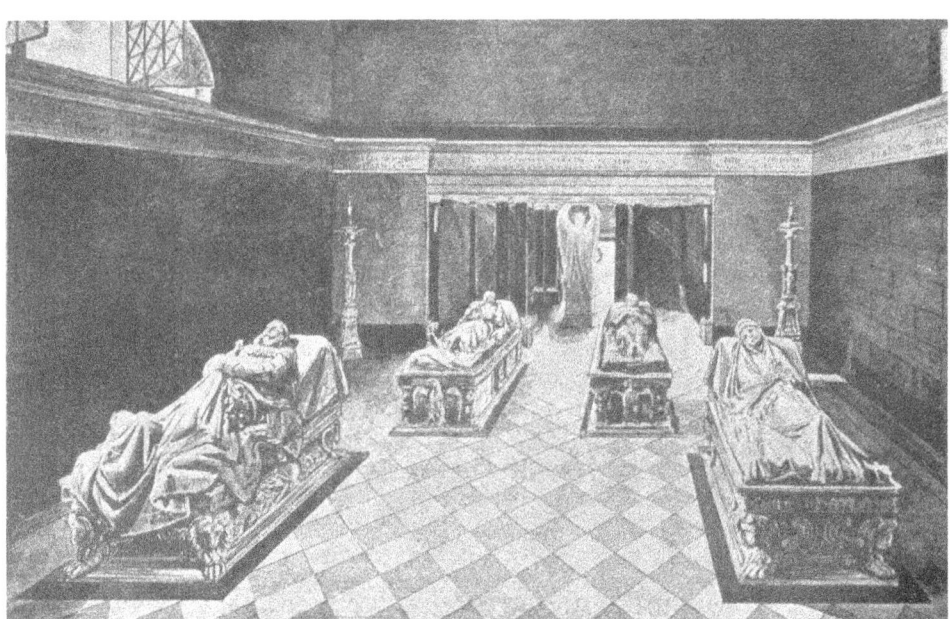

Das Innere des Mausoleums mit den Sarkophagen Kaiser Wilhelms I., der Kaiserin Augusta, des Königs Friedrich Wilhelms III. und der Königin Luise — H. Mues, Berlin

Jean Paul (Friedrich Richter) Neue Photogr. Gesellsch., Berlin
† 1825 (Bayreuth)

Friedrich Hölderlin F. Mielert, Dortmund
† 1843 (Tübingen)

Otto Ludwig Techno-photograph. Archiv, Berlin
† 1865 (Dresden)

Willibald Alexis (Wilhelm Häring) Wilh. Simon, Arnstadt
† 1871 (Arnstadt)

Der berühmte romanische Kreuzgang in dem Stifte Neumünster in Würzburg, die Grabstätte Walters von der Vogelweide

Techno-photograph. Archiv, Berlin

(Aus der illustr. Zeitschr. „Deutschland", Düsseldorf)
Klopstocks Grab unter der Linde auf dem Friedhof in Ottensen († 1803)

Bürgers Grab in Göttingen († 1794)

A. Schmidt, Göttingen

Orte von
Rang
und Klang

„Alt-Heidelberg, du feine" Neue Photographische Gesellschaft, Berlin

Kätchenhaus

Bilder von C. Brenner-Schilling, Heilbronn
Das romantische Heilbronn

Götzenturm

Die Wartburg. Blick von der Hohen Sonne aus   Römmler & Jonas, Dresden

Aus alten Städten

Hannover: Das Leibniz-Haus
Fremdenverkehrsverein, Hannover

Nürnberg: Hans-Sachs-Haus
(in der Mitte)
M. Stich, Nürnberg

Alt-Frankfurt: Kannegießergasse mit dem Dom
(im Hintergrunde)
F. Mielert, Dortmund

Fritz Reuters „Rekter-Schaul" zu Stavenhagen mit Kirche und „Kantergatz"

(Aus dem „Reuter-Kalender 1911")
Dieterich'sche Verlagsbuchhandlung, Leipzig

Const. Ziemssen, Zoppot
Die Stelle, an der die alte Talmühle bei Zoppot stand, der Eichendorffs Lied „In einem kühlen Grunde" gilt

Albert Giesler, Eutin
An der „Luisenquelle" im Prinzenholz bei Eutin — zu Ehren Joh. Heinr. Voß so benannt

Inneres des berühmten Theaters in Lauchstädt
F. Bimpage, Halle

Die Kosegarten-Kapelle beim Dorfe Vitte auf Rügen Franz Goerke, phot.
Bei dem bekannten Pastor und Schriftsteller Kosegarten, dessen Pfarrhaus in Altenkirchen stand,
war auch Ernst Moritz Arndt tätig. In Vitte hielt Kosegarten seine berühmten Strandpredigten

Blick auf das heutige Blasewitz   Techno-phot. Archiv, Berlin
(durch Schillers „Gustel von Blasewitz" weltberühmt)

Carl Seibig, Gelnhausen
Gelnhausen, die Vaterstadt des „Simplicius-
Simplicissimus"-Verfassers Grimmelshausen

Techno-phot. Archiv, Berlin
Cleversulzbach, Pfarrhaus: Mörikes Wohnhaus

Ernst Geister, Striegau
Die Heimat Johann Christian Günthers: Striegau

Hebbel's Wesselburen und die Heimat des „Wandsbecker Boten"

Oben: Wesselburen, Gesamtansicht. Unten rechts: Treppe von Hebbels Elternhaus, unter der Hebbel schlief.
Unten links: Wandsbeck, die Straße in der Mathias Claudius geboren wurde. (Das Haus selbst steht nicht mehr.)

Albert Büttner, Hamburg   Bilder von Photograph Carstens, Wesselburen

Bunzlau. Die Heimat des Hauptes der ersten schlesischen Dichterschule, Martin Opitz

Knackstedt & Co., Hamburg

Blick von den bekannten Weinstuben von Luther & Wegner in Berlin auf den Gendarmenmarkt (E. T. A. Hoffmann: „Des Vetters Eckfenster")

Dr. Franz Stoedtner, Berlin

IX

Im Reiche
der Töne
und Farben

Villa Wahnfried in Bayreuth   Neue Photographische Gesellschaft, Berlin

Geburtshaus Karl Maria von Weber's in Eutin
Albert Giesler, Eutin

Joh. Brahms Geburtshaus in Hamburg
Techno-photograph. Archiv, Berlin

Albert Lortzing's Grab auf dem Sophien-Kirchhof in Berlin
F. Alb. Schwartz, Berlin

In Beethoven's Geburtshaus, Bonn
Oben: Seine Geburtsstube
Unten: Gartenansicht des Hauses; der Treppenaufgang; der Flügel des Meisters

(Mit Genehmigung des Beethoven-Museums in Bonn)

Bilder von Heinr. Rose, Bonn

Toreinfahrt von Franz Liszt's Geburtshaus in Reiding bei Ödenburg   Techno-phot. Archiv, Berlin

Bilder der Neuen Photographischen Gesellschaft, Berlin

Grabkapelle Franz Liszt's in Bayreuth   Joh. Sebastian Bach's Geburtshaus in Eisenach

Das Dürerhaus in Nürnberg

M. Stich, Nürnberg

Das Geburtshaus und Denkmal des Bildhauers Christian Rauch in Arolsen F. Mielert, Dortmund

Unten:
(Links) Inneres der Villa Lenbach in München
(Rechts) W. von Kaulbachs Geburtshaus in Arolsen. (Das rechts stehende Gebäude.)

(Mit Genehmigung der Frau Lolo von Lenbach) F. Mielert, Dortmund

Defregger's Atelier in München, Königinstraße   Techno-photograph. Archiv, Berlin

Ludwig Richter-Zimmer im Dresdener Stadtmuseum   Mit Genehmigung des Stadtmuseums, Dresden

Die Arbeitsstubenecke im Leiblhaus zu Kutterling
(Jetzt mit der gesamten Einrichtung in Köln befindlich)

Hans A. Joos, Bad Aibling

Das Atelier Max Liebermann's in Berlin

E. Knabe, Düsseldorf
Geburtshaus des Meisters
Peter von Cornelius, Düsseldorf

Leibl's liebste Arbeitsstätte. Sein Haus in
Kutterling bei Feilmbach am Wendelstein

Hans A. Joos, Bad Aibling

Kreuz
und quer
durchs
Reich
des Geistes

Tübingen mit dem Hölderlin-Turm (links am Wasser), F. Mielert, Dortmund
dem Aufenthalt des Dichters von 1807 bis zu seinem Tode 1843

Ibsens Wohnhaus in München
Maximilianstr. 32 (Besitzer: Kommerzienrat
Theodor Waitzfelder). Hier wohnte Ibsen 1887
bis zu seinem Weggang von München 1891

(Mit Erlaubnis des Verlages
Westermann, Braunschweig)
Theodor Storms Wohnhaus
in Hademarschen bis zu seinem Tode

J. F. A'brecht'sche Hofbuchh., Coburg
Friedrich Rückerts
Wohnhaus in Neuses bei Coburg

In Gerhard Hauptmanns Geburtshaus. Arlt und Vollenbruch, Bad Salzbrunn
Die Schankstube „Zum Fuhrmann Henschel" in der „Preußischen Krone" in
Bad Salzbrunn, Schauplatz der Handlung des Dramas „Fuhrmann Henschel"

 Der Nicolaihof in der Brüderstraße 13, Berlin, der seit Alters in diesem Zustand erhalten wird. Stammhaus der mit unsern Klassikern verknüpften Nicolaischen Buchhandlung

F. Albert Schwartz, Berlin

Schloß des Fürsten Pückler in Muskau R. Scholz, Görlitz

Dr. Trenkler & Co., Leipzig
Die „Feuerkugel", Goethes Studentenwohnung, Leipzig
(jetzt meist zu Meß-Ausstellungszwecken dienend, wie dieses Bild zeigt)

Bund Heimatschutz, Halle a. S.
Geburtshaus der Luise von François in Weißenfels (Hier schrieb sie u. a. den vielgelesenen Roman: „Die letzte Reckenburgerin")

Tempel der Pietät

Im Goethe-Nationalmuseum, Weimar. Das Juno-Zimmer
(Mit Genehmigung des Goethe-Nationalmuseums)
Phot. Louis Held, Weimar

Blick ins Schillermuseum, Weimar
Heuer & Kirmse, Berlin

Aus dem Lessingmuseum in Berlin — Bilder vom Techno-photograph Archiv, Berlin

Das Körnerzimmer im Lessingmuseum in Berlin

Fritz Reuter's Wiege
im Reutermuseum Eisenach

Saal No. 8 des Bismarck-Museums
Schönhausen mit dem Modell des
Rudelsburg-Denkmals

S. Liebreich, Hamburg

Aus dem Liszt-Museum
in Bayreuth

Heuer & Kirmse, Berlin

Aus dem musikhistorischen Museum von Fr. Nikolaus Manskopf in Frankfurt a. M.

Schiller's Trauzeugnis   Alfr. Bischoff, Jena
(„Oeffentlicher Lehrer der Weltweisheit in Jena..... in aller Stille getraut worden")

Ein Brief Luther's an die Stadt   F. Mielert, Dortmund
Soest aus dem Jahre 1532
(Aus dem Archiv der Stadt)

(Aus der Speier'schen Biographie des Dichters, Verlag Schuster & Loeffler)
Handschriftliches Gedicht von Detlev v. Liliencron

Techno-photograph. Archiv, Berlin
Die Urschrift der ersten Strophe des Gedichts „Die schlanke Wasserlilie" von Heine in ihren drei Stadien

XII
Die dankbare Nachwelt

Das Hölty-Denkmal in Hannover

Fremdenverkehrs-Verein Hannover

F. Schensky, Helgoland

Das Denkmal für Hoffmann von Fallersleben auf Helgoland, wo er das Lied „Deutschland, Deutschland über alles" dichtete

Hans-Sachs-Denkmal in Nürnberg

M. Stich, Nürnberg

Hutten-Sickingen-Denkmal auf dem Wege zur Ebernburg

H. Mues, Berlin

Das dem Schöpfer und Schutzpatron der
„schwarzen Kunst" in Mainz errichtete
Gutenberg-Denkmal

www.ingramcontent.com/pod-product-compliance
Lightning Source LLC
Chambersburg PA
CBHW051616230426
43668CB00013B/2126